U0796574

两个人的浪漫城堡

爱情心理学书系

万墨轩图书
WIPUB BOOKS

谨以此书，献给我亲爱的、风趣的、变幻莫测的——时而是个万人迷，时而让人彻底发疯，但却总是那么可爱的——丈夫，马克。

——罗宾·D.沃尔泽

谨以此书，献给我的丈夫安德鲁，他是我最好的朋友，是我的灵魂伴侣。感谢他对我一贯的支持和信任，也感谢他为本书提供了这么多精彩的案例。

——达拉·韦斯特拉普

致谢

衷心感谢所有与我们分享故事的朋友，感谢你们允许本书把生命中的美好和疼痛都呈现给读者。

特别感谢伟大的丈夫，同意把我们私密的相处经验公之于众，并与全世界的情侣分享。

祝愿你们、我们，祝愿所有人，以自己喜欢的方式与另一半缔造出生命中最重要的完美关系。

目 录
Contents

导言

关注，就是爱。

——卡伦·M.米勒

人与人之间因着情感的需要而相互建立起联系，这种联系带给人的美好和快乐的感觉是可以穿越时空的。而情侣之间所能感觉到的那种联系，是地球上所有因爱而生的联系里面最为深厚的。对许多人来说，加强这些人与人之间的联系是一种基本的价值观，让他们的生命更有意义，生活更有目标。这本书所要探讨的，就是如何通过强化意识和承诺来加强爱人之间的联系。

我们希望这本书能指引你们在爱情的道路上建立并强化爱之联系，加深伴侣关系。通过书中的练习，认识和接受对方，过上忠于自己内心的生活。同时，您和伴侣将会结成紧密的联盟，加深彼此之间的同情、信任、理解和友谊。如果您能全身心地投入到恋爱关系中去，用心去体会自己的感受、思绪、想象和记忆，花心思经营日常生活中那些重要的事，您就能自由地把自己的一切展现给伴侣。

我们时常“盲目”地生活，对自己的言谈举止不去反思。长此以往，亲密的情感关系就会被“盲目”的依恋、渴望、恐惧和期待阻碍，甚至带来痛苦。如果能完全觉察到自己的情感依恋，认识到内心的渴望和期待，就能完全清醒地生活，就能选择用促进爱意增长的方式来对待我们的伴侣。如果能认识自己的存在，认清自己的感觉，并温和地把持住内心的恐惧，我们就能用更加开放的心态去看待眼前的种种可能。

阅读本书是一段强化爱情纽带的旅程，但是这段旅程并不能保证让您实现完美无缺的关系。事实上，我们认为并没有完美无缺的关系，您只能通过自己的努力一点点增进彼此的感情，在努力的过程中，还需要不断克服种种矛盾和阻碍。因此，在开始经历这个过程时，需要保持开放的态度，忠于自己的内心，只有这样才能获得真正的亲密和信任，拥有健康的情感关系、性关系和活力。

请记住一个有利事实，您和伴侣完全有能力建立恩爱而有意义的情感关系。你们所要做的，归根结底，就是去“爱”。听起来简单，做起来却是另一回事。我们都知道，这个奋斗目标很容易被日常生活中没完没了的需求挤到一边——因此，我们希望您能把这本书放在家里某个显眼的地方，方便您和伴侣有空的时候翻上几页，提醒自己哪些方面还可以做出改变。为了方便您随时拿起阅读，我们在编排时特别注意：让每一章看来都是独立的，您可以随意选择从任何一章开始阅读，汲取知识。但是，我们还是建议您从第一章开始阅读，这将会帮助您更好地理解书中提到的所有概念。

当我们的爱情由于某些原因令我们丧失勇气、感到挫败，或是缺少活力，或困惑不解时，希望您可以从这本书中找到力量；当您的感情很顺利时，也希望您能读一读这本书，从而进一步发现哪些方法是对的,并以此激励自己继续前进。然而，我们最希望的是，这本书能够帮助您和伴侣过上忠于你们内心的生活，并让爱情因此变得更加浓烈而宝贵。

The Acceptance and Commitment Approach

Chapter 1

ACT接受与承诺疗法

01
开启爱情保鲜模式

爱情并不是两个人彼此相望，而是两个人注视着同一个方向。

——安东尼·德·圣-埃克苏佩里

在人生的各种体验当中，人人都无比渴求的一个最基本的体验就是人与人之间的相互联系。无论是从生物进化还是精神需求的角度来看，答案都是相同的：我们向往归属感，渴望关怀。而绝大多数时候，这种情感联系的基础就是爱。爱情建立在强大的爱的纽带及与之相随的友善之上。

因此，我们谈论爱情，就是在谈论爱与被爱。这太简单了，不是吗？为什么不尽情去爱呢？为什么不尽情去接受对方的爱呢？没错，这对有些人来说容易，但是，对另一些人来说却很难。有些人来自于充满爱的家庭，他们很清楚什么是归属感，什么是被爱的感觉。然而另一些人并不那么幸运，对他们来说，爱与被爱都很困难，甚至是天方夜谭。当然,那些家庭里充满爱的人也可能为爱痛苦。想一想，人们有着不同的个性、过去、家庭、目标，即便如此，仍然会彼此邂逅，坠入爱河，并相爱一生。坦白地说，这简直是一个奇迹！尽管彼此的差异可以让我们预料到种种矛盾，但爱情仍然无时无刻不在发生。不过，我们也必须认识到另一个重要事实：每时每刻都有爱情在破碎和终结。

在美国，离婚率居高不下，首次结婚的人有超过三分之一在结婚后的十五年内离婚。大部分人会在结婚之前谈无数场恋爱。问一问自己，如果你是已婚人士，你还记得自己婚前谈过多少场恋爱吗？如果你未婚，你现在正在谈第几场恋爱呢？这很令人困惑：如果我们大多数人都向往归属感、向往被爱，那为什么我们会在情感的世界里如此挣扎不休、频繁地结束恋情呢？

这个难题可能有着许许多多的解释。也许是因为，你现在正交往的人并不适合你；或许你还是单身，正在寻觅自己的理想伴侣；又或许是因为，时间和环境阻碍了你寻找真爱的道路。所有这些都可能是问题所在。不过，我们在这里想加上另外两种解释：经验型逃避和价值观丧失。也就是说，当恋人们害怕体验他们的情绪，害怕表达他们的某些想法，或者当行为与他们认为的重要价值观不一致时，他们的恋情就告急了。这几个问题中的任何一个问题出现，都可能导致情感关系中的痛苦。如果几个问题同时发生，那简直就是致命的，它们会像毒药一样，迅速蔓延至爱情的血液，让爱情的心脏停止跳动；或者，它们会像一种慢性毒药，一点点地扩散，让爱情痛苦多年，直至窒息而亡。

那么，有没有迅速解决这一切问题的灵丹妙药呢？我们很高兴你提了这个问题，答案是：有。有一种叫作接受与承诺疗法的新型行为疗法，能够治疗这两种病症（经验型逃避和价值观丧失）。这个疗法的名称已经对它的疗效做了很好的描述。它指的是学会接受那些你原本想要逃避的体验，并采取与个人价值观一致的行为。下面，我们就进一步了解这两个过程。

接受你原本要逃避的体验，意思是完全开放地面对和接受自己的任何感受、想法和知觉；而采取与个人价值观一致的行为是指，选择将自己的生活建立在那些对你重要的事情之上。这是两个动态过程，需要你坚持不懈地努力，但你获得的回报也是巨大的。如果你能够在爱情中运用接受与承诺疗法，你将为爱情注入无与伦比的活力。我们建议你学会面对（而非逃避）自己的内心体验，同时让你的情感关系朝着某一特定的方向逐步转变。

如果把建立爱的纽带比作烹饪一道美味佳肴，那么配方绝不是几杯神奇药水，或几句“把它搞定”的咒语；事实上，它所需要的，是大量的心思，还有几“勺”活力。当然，你还要用一生的时间去精心烹饪这道菜。那么，就让我们看一看需要哪些佐料吧（这些佐料里有你想加的，也有你不想加的）！

经验型逃避带来的问题

如果我们不喜欢自己所感觉到的，厌倦自己所思考的，总想去除这些感觉或想法，经验型逃避的现象就会发生。想象这样一种情景：你正在做着什么事的时候，突然感到一阵焦虑，这时，你会如何处理这种焦虑呢？如果你和大多数人一样，你就会试图消除这种讨厌的感觉。你讨厌焦虑，为什么讨厌？因为它让人不舒服。你的心怦怦直跳，浑身冒汗，感到喘不过气来；你会脸红、眩晕、无法思考。你心里可能在想："我怎么了？我怎么这么愚蠢？为什么我会有这种感觉？真是尴尬！"

所以，最好的办法就是让这种糟糕的感觉和随之而来的想法（这两种内部体验）马上停止。为此，你可能会逃离让人感觉焦虑的情境，或者回避所有不美的情境。耶！成功啦！你感觉终于从焦虑的情绪和糟糕的想法中解脱出来了。这种解决办法合情合理，如果你想从人生中获得真正完美的感觉，比如幸福、喜悦和爱，你就更加觉得这样处理是理所当然的。因此，你得出结论："我一定要逃出坏的情境，沉浸在好的体验里。"

如果你从大处着眼，会发现这个办法不仅仅适用于焦虑，还适用于所有你不喜欢的情绪和想法。你还有一大堆的情绪需要逃避：沮丧、痛苦、孤独、恐惧，还有种种随之而来的想法：感到自己一无是处、不可爱、失败、受人轻视。仿佛所有情绪和想法都在祈求你放它们走吧。

而现在的问题是，在我们的人生历程中，那些负面情绪必然会不断地侵扰我们。这是一个事实：人生是包含痛苦的。完全摆脱这些痛苦体验的唯一办法就是不再活着。只要活着，我们终究要忍受痛苦，无处可逃。如果我们能够逃脱，那么人类的全部体验都要被消除、破坏或被根本性地改变，我们也就不再是人类了。

那么，为什么我们会如此努力地逃避负面情绪和想法呢？因为，我们从小到大都是这么被教导的。我们在整个人生历程中接收到的信条都是：快乐和自信是多么重要。这些文化信条告诉我们，要有好的感觉，积极的想法。我们的文化假装成幸福的样子。然而，问问你自己，坦白说，你真正幸福的时光有多少呢？如果你仔细研究一番，可能就会发现，很不幸，你的幸福感还达不到社会标准水平。现在，用这个信条来衡量你对爱情的期待，你所听到的故事通常是这样的：良好的情感关系一定是快乐的。在快乐的情感关系中，你感到快乐，你的伴侣感到快乐，你的家庭为你们的快乐而快乐，甚至你们家的狗都很快乐！而事实上，现实生活并非如此。

维持良好的情感关系其实并不意味着保持快乐状态，而是意味着保持活力、生命力，在爱情中淋漓尽致地展现你生活的全部。这种展现意义丰富：你伴侣可能会感到焦虑、痛苦、沮丧或恐惧；也可能感到喜悦、恩爱、安全、愉快，当然，还有幸福。但是从我们的角度来看，目标不是感到幸福，而是在体验爱情中的各种人类情感的同时，还能够彼此相爱。

你也许会埋怨："为什么我非得体验这些不好的感觉呢？为什么我就不能只去感觉那些积极快乐的情绪和想法呢？"事实上，当人们不辞辛苦地试图逃避那些他们不想要的想法和感觉时，他们会遇到四个重要问题。

第一个问题就是，历史无法改写。时间只朝

着一个方向流逝，那些你曾经想过的、感觉过的、体验过的、观察过的或做过的事情，都已经一去不复返了。我们无法回到从前将其改变，也无法抹去记忆。你的伴侣曾经造成的伤害已无法改变，关于分手的痛心回忆将在你的心中永远留存。真是遗憾，我们根本没有办法改变这些记忆。那么，你也许会问："既然是这样，那我又能做些什么呢？"你当然有事可做，你可以选择从此时此刻开始改变。你还可以决定接下来要发生的事情。

第二个问题在于，你在采取行动拼命消除某个想法（比如"我讨厌自己"）的同时，其实是在把这个想法带到脑子里。力图不去想某件事，存在本质上的悖论。你想把这个坏念头赶走，让一个更好的念头（比如"我喜欢自己"）取而代之，但是为了知道这个好念头是什么，你不得不去想那个坏念头。真是麻烦！为了摆脱这种让人发疯的处境，你可能要纠结很长时间。如果你能换一种思维，也许会简单得多，你可以仅仅留意到自己在想什么，告诉自己，大脑有时候会产生一些你不喜欢的念头，让自己接受这个事实。

第三个问题是，我们为了赶走这些想法和感觉要付出多少努力。为了逃避负面的内在体验，人们可能会陷入一场与自己之间的持久战。也许你自己或你认识的某个人对此有过切身体会。比如，曾经发生了某件让你痛苦的事（包括童年时期的创伤、家庭环境问题或与深爱的人分手等），你为此沮丧不已。为了逃离这种痛苦，你变得成天忙忙碌碌，拒绝谈论任何与此相关的事，逃避自己的家庭，或者用酒精麻痹自己。但是，无论做什么，你越是努力地逃避这件事，这件事就越是如影随形。你努力想把这痛苦甩开，可是痛苦却变得越来越明显。也就是说，你在驱赶这种感觉上花的时间越多,对这种感觉倾注的精力也就越多。由此，我们又遇到了一个悖论：痛苦的感觉和记忆变成了一个难缠的老朋友。或许你可以邀请她进来坐一会儿，因为看样子她不会很快就走。

第四个问题涉及人类意义的核心。人活着就会感到痛苦（比如：焦虑、恐惧、沮丧等）。这是自然而然的，是我们人生体验的一部分。不知道为什么，我们把这些痛苦的体验看成了一种不自然现象。事实上，这些感觉是非常有价值的。它们向我们发出了信号，告诉我们有些事情出了问题，或是我们失去了珍爱的人或事物（比如，一个朋友的逝去）。它们让我们知道，什么是我们珍惜和在意的。如果你不了解痛苦，你就不能了解爱。这些体验不应被看作不速之客。用齐诺瓦·阿切比的话来说："如果苦难来敲你的门，而你对他说'这里没有你的位置'，他就会告诉你不用担心，因为他已为自己准备了一张凳子。"也就是说，你不必要求自己喜欢那些负面体验，但是你可以偶尔请他们来"吃顿晚餐"。他们不会待得太久，如果他们不久又回来了，你也不必感到惊讶。

好了，你现在知道问题都出在哪里了。我们不禁要问：作为人类，为什么会有如此多的苦恼呢？我们不至于那么愚蠢吧。我们知道自己不能总是开心，也知道爱情并不总是甜甜蜜蜜；不过这个问题仍然问得很好。事实上，让人陷入苦恼的正是常常帮助我们答疑解惑的东西——大脑。那么现在，我们一起来研究一下大脑吧！

大脑有时并不是你的朋友

我们是如何陷入所谓“幸福圈套”（happiness trap）中的，这与我们的大脑有关。其中的关系可以用四个缩写字母来总结：F、E、A、R。它们分别代表的是混淆（Fusion）、评估（Evaluation）、逃避（Avoidance）、找理由（Reason-giving）。如果进一步研究这四个过程，我们就会逐渐理解，我们是如何陷入苦恼，这些苦恼又是如何影响了我们的生活以及爱的能力。

如果将自我与大脑混淆，我们就很难认清这

样一个事实：人类并不等于大脑本身，人类是大脑的主人。我们试图把自我和大脑相融，像把黄油融在奶油之中那般。我们因此相信大脑所思都是千真万确的。也就是说，我们分不清自己和自己的想法，陷入了圈套中。这时，我们就像是在透过玫红色眼镜看世界，眼前的东西看起来是那么的真实可信，我们还以为自己根本没戴眼镜，认为世界本来就是这样的。比如，你的大脑也许在想“世界很不公平”，或者“没有人爱我”，你觉得要快点采取行动，极力去除这些想法，因为你希望一切是公平的，想要被人爱。这时就会混淆自己和你的大脑之间的关系，这种混淆会导致许多对你和爱情不利的反应。试想，如果你总想让爱情中的每件事都是公平的，那会是什么情形？我们不知道你是否尝试这样做过，但实际上这是不可能办到的。

因此，你需要解除这种混淆。也就是说，你要摘去有色眼镜来看世界，要意识到你拥有并控制着大脑，它是为你服务的；同时，你还要了解，大脑中储存了海量的信息，这些信息在孩提时就已经编排进了你的大脑中，包含各种各样的想法——你该知道，想法有些是积极的，而有些是消极的；想法有愚蠢的，有认真的，有简单的，有复杂的。你一旦按下开关，大脑数据库就会把那些不真实的、对你不利的信息或规则一股脑儿抛出来。当然，这并不是说大脑数据库里就没有存储可行的、有价值的规则。比如，大脑也许会告诉你："过马路时要注意看两边的车辆。"这是一条好规则，不是吗？但你要注意到，规则也有出错的时候。还记得以失败告终的初恋吗？大脑告诉了你什么规则呢？很可能是"我再也不会真心去爱了"。所以，大脑有时候并不知道什么信息对我们是真正好的，即使它以为自己知道。这时，最好的办法就是解除混淆——认识到你是长着大脑的人，以一个旁观者的角度去关注、觉察你的大脑。

当我们对自己的评估深信不疑时，也会陷入

麻烦。评估和混淆一样，也是狡猾的大脑引起的。具备评估的能力，当然是件有益的事。评估让我们能够做比较、做决策、做计划，从而解决问题。可是,它也使我们作出各种评判。大脑像一个法官，审判着你，审判着你的伴侣，审判着你们的爱情。它挥舞着沉重的木槌，随时准备敲下去。好女孩！坏男孩！你失败了！你成功了！大脑做评估的本事是无穷无尽的。这个问题的解决办法还是一样，你需要后退一些，认识到你不是大脑，你是大脑的主人。记住，大脑有时并不是你的朋友。

在前面，我们详细探讨了逃避是如何使人陷入困境的。我们需要认识到逃避的代价。逃避会让我们丧失与对方的联系，这与我们的初衷背道而驰。逃避还会带来其他不良后果。如果为了逃避与某些事情有关的体验而将自己与世隔绝，我们就大大减少了自己的机遇，无法对生活给予我们的一切敞开心扉。我们采取行动，不是为了那些重要的事情，而是因为恐惧感的驱使。逃避行为带来的破坏性伤害在于，它强化了一些反应，而这些反应会减少我们联络情感、建立归属感的机会。如果我们每次感到焦虑就逃之夭夭，情绪随之好转，那么逃避就得到了强化。然而，逃避是要付出代价的，那就是——你的爱情机会没了。

最后来说一说找理由，也就是用语言来解释为什么我们做了某些事情，或者说，为什么要给自己编故事。当然，你还要注意到是谁在讲这个故事。你猜猜看？对，就是大脑！你的大脑会像这样找理由："我在爱情中无法敞开心扉，因为感到太焦虑了。"听起来好像是"我努力敞开心扉交谈时就会感到特别焦虑"这个想法导致了你的沉默。而事实上，你只是脑子里有这些想法而已。如果这些想法只是看起来导致了事情的发生，但实际上并没有发生任何事情呢？想象一下，如果你对脑海中的每一个想法，都不得不言听计从，那会是什么情形？哎呀！太可怕了！

我们会为自己的所作所为编故事、找理由，

这是不难理解的。因为我们从小受到的教导就是如此，父母、长辈们总是要求我们解释自己的行为。在这里，我们想要你做的，就是留心这些解释，看看它们的真实面目——不过是更多的想法而已。你可以有一个想法，却实施相反的行为；也可以仅有想法，但什么也不做；或者产生了想法，然后原原本本按它的指示行动。拥有掌控权的是你，而不是你的想法、你的故事或你的理由。这是个好消息，因为它意味着你即使感到焦虑或有其他的负面情绪，仍可以选择敞开心扉地交谈。

混淆、评估、逃避和找理由这四种方式都能让我们与大脑之间保持某种特定的关系。如果大脑给你灌输如何每时每刻都能幸福的故事，而你买了它的账，你与大脑之间的关系可能就存在问题。请记住，你完全可以选择用另一种方式去看待问题。如果大脑说，你的体验不好，你的某些情绪、想法或感觉不好，应该去除，你可以看清它们的真面目——那不过是一些经验、想法、情绪而已，你甚至能发现它们存在的价值。

并非你不应该向往幸福，我们当然希望你能幸福快乐，但不希望是以无法活出真实人生为代价。当你的爱情里充满幸福时，我们希望你快乐。我们自己也喜欢这种感觉！但是我们更喜欢自己能够灵活自如、充满活力地去生活和恋爱。我们希望能帮助你学会体验完整的生活，希望你听完我们的讲述并亲身实践之后，可以骄傲地说："我的爱情很成功。我爱着，也被爱着。"

那么现在，你要如何着手改变呢？我们已经做出了这样的假设：大脑有时候并不是你的朋友（尽管它也并不总是你的敌人），经验性逃避是会带来问题的，而且我们还提供了一些简单的解决办法。除此以外，还有什么其他的办法吗？由此，我们需要回头说一说接受与承诺疗法，也就是ACT疗法[①]，本章开头提及过。ACT疗法引导人们改变与

---

① "接受与承诺疗法"的英文缩写；由Hayes，Strosahl和Wilson在1999年提出。

大脑的关系，并坚守自己的个人价值观。

ACT 采用六个核心程序引导人们意识到自己的体验，并做出改善生活的有力选择：

1. 明确什么对你是最重要的，即你的个人价值观。

2. 鼓励你接纳自己和他人。

3. 改变你与大脑之间的混淆关系，即消除混淆。

4. 尽可能完全地投入到当下经历中，即完全活在当下。

5. 观察更完整的自我，这个自我承载着你的想法、情绪和其他内心体验，这是一种独特的视角，叫作情境自我[①]。

① 情境自我（Self as context），ACT 疗法中的一个步骤，即尝试以自身为景，提升对自己的看法。也就是改变关于“自我”的概念，从一种被评价的、概念化的自我，转变成作为各种心理事件载体的自我。

6. 建立越来越多的行为模式，并在生活中使行动与价值观一致，即承诺行动。

换句话说，这些 ACT 程序步骤能够帮助你成为完全自主的人，活在当下，接受自己和他人，并选择与你的价值观一致的行为。

这本书的宗旨就是让这六个核心步骤在情感关系中发挥作用。我们将这些程序分成了独立的章节：1）保持身心一致；2）接纳你和你的伴侣；3）敞开自我，消除混淆；4）享受当下的爱情；5）转变你的视角；6）做你觉得重要的事。我们希望你在阅读每一章时，都能经历一段奇妙的旅程，希望这段旅程能为你的情感关系带来更多成长和活力。

Values and the Vital Relationship

Chapter 2

亲密关系第一步：保持身心一致

02

真实：你就是本来的样子

凡人获得了知识，就成了圣人；而圣人获得了理解，就成了凡人。

——禅语

我们都听过这样的话："她真是个装腔作势的家伙！""他太骄傲自大了！"接着问题就来了："为什么他没有识破她的虚伪呢？""她为什么忍受得了他的骄傲自大呢？"这种虚伪再明显不过了，我们却绞尽脑汁也想不出这种人是如何拥有爱情的。但如果仔细观察，很可能就会发现我们自己也无法保持完全的真实。在任何时候都表现得实实在在是很难的，想象一下：如果你在生活中处处都表现得完全真实，那会是什么样子？

当我们讨论真实的时候，请先记住一个有益的提醒，那就是价值观的实现是一个过程，而非结果。也就是说，你要不断努力向真实靠近，而不是把真实当成终极目标。外界的推力和压力时常会把你带得离真实越来越远，这时，你有权选择对自己的精神和自我感觉保持何种程度的真诚。

你需要感知真实而纯粹的自我，并在这一基础上建立情感关系，这不仅重要，而且在某种程度上，是迫在眉睫的。有一次，一个朋友向我抱怨："你在爱情中永远不可能做自己，否则你就会被抛弃。"她的故事是这样的："我在网上和人约会时，都表现得很真实，展现着自己独特的幽默风趣。他们回应我之后，我们就在邮件中相互讲故事和笑话，度过的时光总是很愉快。我是真实的我，说的话都是发自内心的。然后——就到了见面的时候。不知怎的，我一旦和对方见面，就不得不把自己伪装成对方希望的样子。否则，我就觉得关系会告吹。那个幽默风趣的我不知跑到哪儿去了，而那个‘你要我当谁我就当谁’的我冒了出来。我好像完全变成了另一个人，彬彬有礼、随和可人。”我这个朋友的问题在于，她的对象早晚会提出分手，因为他得到的和想要的大相径庭。

假装成另一个人，压力是巨大的，如果你是为了找到伴侣或是为了留住某个心仪的对象而伪装，你所承受的压力就更大。另一方面，一个人表现得不真实时，就像是一个圆滑老道的推销员，诱使对方购买原本并不感兴趣的东西。比如，我们常常会听到这样的话："她和我想象中的不一样。"或者："我们结婚以后，他好像一下子变成了另一个人。"这些戏剧性的例子都说明了"假装"造成的后果。我们的不真实行为会给自己及伴侣带来痛苦，最终影响到亲密关系。

那么解决办法是什么呢？就是我们要有意识

地留心真实的自我感受和价值观，并在生活中不加掩饰地展现它们。

在约会的初期，由于害怕被拒绝，或是为了躲避不舒服的感觉，我们有时会在对方面前隐藏一部分的自己。在某种程度上，这是正常行为。不过，即便是在这个非常时期，我们还是希望你向真实的自己再迈进一步。你也许会说："说得轻巧！"是的，我们明白这不是件容易的事，但请你至少先试一试，然后再下结论。如果你还是很犹豫，那我们建议你，就当这是在做一个试验——把一个真实的自己呈现在对方面前，看看会发生什么。即使你感觉自己有些傻气，那又怎样呢？当一天的傻子总比当一辈子的倒霉鬼要强吧！

要做真实的你，就需要先了解自己，并确定你的行为与所了解的自我是一致的。有时候这会比较难，需要承担某些后果。不过，能与你所爱的人保持真实的互动是值得骄傲的事。做真实的自己，不仅能减少情感关系中的痛苦和困难，最终甚至能避免它们的发生。

【练习】做真实的自己

1. 花几分钟，在一个安静的地方自我反省。试着找出你在情感关系中没有坚持真我的事例。想一想是什么促使你伪装自己，是恐惧（或其他负面情绪）吗？问问自己："如果我没有受到恐惧（或其他情绪）的支配，或者如果我在有负面情绪的情况下仍然选择表现出真实的自己，会怎样呢？"你会采取什么不同的行动呢？你是不是愿意做一些小小的改变，让自己离真实更近一些呢？如果你发现自己在情感关系中能够表现出真实的自我，那么，祝贺你！

2. 具体练习：

◇ 想一想，自己喜欢什么，讨厌什么。

◇ 学着与对方分享你的想法和心情。

◇ 要有心理准备，坚持自己的真实感觉，必定会遭到某些非议。

◇ 在表现真实自我的基础上，寻求爱人的亲密感，你准会找到它的。

◇ 忠实于你的存在。

03

正直：说出忠实于内心的话

当我最后放下权力时，即使我失去了这世上所有的朋友，至少还剩一个朋友，那就是内心里的我。这就是我处理政务的理念。

——亚伯拉罕·林肯

我们都要坚守正直这一价值观，这似乎是显而易见的，你只要与自我原则保持一致就行了；你只要依照自己的是非观念来做选择就行了。要是真能如此简单就好了！

即便是对原则很明确的人来说，要做到以正直的价值观去生活，也是一个挑战。比如，你也许看重赞美别人、坦诚待人，但仔细想想，你是否也有在背后八卦别人的时候呢？当有些事情出了问题时，你是不是也会假装轻松地对你的伴侣说“没什么，一切OK”？你是不是也说了很多善意的小谎话？那么，当你的个人价值观受到考验时，你会作何反应？是的，有时候，以正直的价值观去生活很不容易。

既然如此，你要如何开始更正直的生活呢？第一步，就是要运用正念（具体解释请参考第20章），有意识地觉察什么是自己的核心价值观以及相应行为是什么。如果你对这些毫无觉察，那么是不可能以正直的态度去应对任何事情的。而要想做到正念，无须复杂的哲理或精心制定的规则，只要简简单单地听从你内心声音的指引。不妨静下来，用心去听，看看你得到了什么指示吧！内心的指引就像是一个罗盘，总是明确地指向你价值观的所在。你需要一次又一次地回到你的内心，这样你的罗盘才不会迷失方向，这非常重要。

当然，要做到时常留心自己的价值观和行为是很不容易的。有时候你在倾听内心的声音，却得到了自相矛盾的指引。在这种情况下，请记住，你要把注意力放在整个人生过程上，而不是一个即刻的结果上。如果你选择把正直作为价值观，那么就要时刻朝这个方向努力。你可以放慢节奏，练习正念；可以允许自己在说话或采取行动之前先想一想。非常重要的一点是，当你的正直被考验时，要时刻关注自己的情绪，不要因为一些偷懒的想法偏离你所追求的价值观，比如“就这一次，下不为例”。

开始坚持正直的价值观生活，你需要做的第二步与责任有关。这并不是说要把错误和过失归咎给什么人，而是要认识到，你完全有能力采取与自己的价值观保持一致的方式，对所有事情负起责任。你总是有很多选择，如果你做出的选择完全与价值观一致，那么你就能够过上正直的生活了。

在情感关系中保持正直的价值观，就更为复杂了。回想一下之前提到的那个情况，发生问题时，你总是习惯性地告诉伴侣："没问题，一切顺利。"这就让事情复杂化了。其实，你可以直截了当地与伴侣谈一谈诚实这个问题，以及你们在情感关系中该如何表现得诚实。比如，你和伴侣可以达成一致，当有事情发生时，即使很难开口，也会与彼此分享；其实你们有很多种坚守正直的选择，而不必说"没什么"。你也许可以这样说："是的，我有些事情想对你说，刚才的事我觉得很郁闷。"或者你也可以这样说："我觉得很难过，但是现在还不知道该怎么说。你能给我几分钟吗？"或者，你还可以用这样的回应方式："让你担心了，但我真的没事，只是还没从刚才谈话引起的情绪中走出来而已。很快就会好的，所以我们真的不需要谈论这个问题。"和"没什么"相比，这些话听起来是更接近真实的反应，它们能帮助你与自己的核心价值观保持一致。

那么善意的小谎言可以吗？其实，它们被称作“善意的”，是因为它们的动机是单纯的，是为了不伤害到对方。但是即便你想说善意的小谎言，也要先与伴侣好好交流一下。

凯文很看重正直这一品质，总是会说出自己的真实想法。他的妻子萨拉时常会问：“我穿这条裤子好看吗？”而凯文并不喜欢这条裤子，他有两种回应方式可以选择。他可以撒一个小谎，说：“嘿，亲爱的，你穿着真漂亮！”或者实话实说：“甜心，这裤子太紧了。你穿着它就像一只在卧室里摇来晃去的鸭子。”看看，说真话吧？很可能会迎来一声怒吼，甚至引发一场冷战。说谎话吧？萨拉是感觉良好了，但她会整个晚上都像只鸭子一样摇来晃去。

因此，这对夫妻就需要交流一下说善意的谎言还是说实话的问题。他们可以敞开心扉地谈一谈，当她问穿这件衣服好不好看时，双方都是怎么想的。如果萨拉真的只希望凯文在她试任何衣服的时候都给一个肯定的回应，以此表示凯文在乎她的感受，那么凯文可以照办。如果他们统一了意见，凯文可以继续说善意的谎言，但他心里知道，自己是在给萨拉想要的肯定。这样他在说话时也会有一种正直感，因为他们俩都明白，他说的可能是假话。如果萨拉更喜欢听到实话——她不希望自己看起来像只鸭子，他们可以沟通，怎样的回应方式才是既温柔又能给对方鼓励的。也许凯文可以这样说：“亲爱的，老实说，这条裤子不是很适合你。我觉得你穿上次那条黑色的裤子更加性感。”后来，萨拉和凯文就这一话题进行了交流，她表示希望听到实话，而现在，凯文说实话的方式也不那么伤人自尊了。

当遇到更为复杂的情况、正直受到更大的挑战时，夫妻或情侣们很可能迷失方向。这些情况可能是说谎（比如，“我没有给前任打电话”，而事实上你打了），或者你做了一些自己并不认同的事情（比如，让你的伴侣酒后驾车），或者没有真实地说出你的深层感受（比如，隐瞒了自己的经济问题，或你对这段情感的状况有多么担忧）。有时候，这些挑战正直的情况会导致某种直接而严重的后果。而另一些时候，它们没那么激烈，却无声无息地改变着你们的关系。不论处于哪种情况，保持正直都是非常困难的。这意味着你需要顶住其他人的反对意见，始终坚持忠于某个东西。你也许会陷入一个痛苦而孤独的处境。有时候，简单地说一声“好的”也许就没事了，可是你的价值观却极力引导你向对方说“不”。正如莫罕达斯·甘地曾说的：“一句斩钉截铁的‘不’好过一句用来逢迎他人、甚至是用来逃避麻烦的‘是’。”

通常情况下，如果你在任何时候都倾听内心的声音，忠于真实的自己，按照正直的价值观行事，就会得到回报——你会发现，在内心深处，住着一个朋友。而且，你的这种行为还会以意想不到的方式帮助到别人，说不定因为你，你的伴侣或其他人也找到了他们内心的正直之声。

【练习】正直

1. 花点时间进行反思。搜索你的记忆档案，找出你在情感关系中偏离正直的某一时刻。你也许说了一个善意的小谎，或者撒了一个弥天大谎。也许那时，你没有说出你的真实想法和感觉。请回想一下你当时是什么感觉。现在，内心的声音对此又有何看法？你当时本应该怎样去做？

2. 开辟一条通向正直的路。在情感关系中，找机会接近更正直的生活方式。改正一个错误，表达出一种感受，说出一件深藏于心的担忧。你不必一下子和盘托出，只要先澄清一件小事就好，然后留心一下会有怎样的进展。

04

忠诚：坚持过忠诚的生活

当爱战胜本能时，方有忠诚存在。

——保罗·卡维尔 比利时作家

我们很难用轻松随意的语气去谈论忠诚，似乎忠诚是一件很严肃的事，必须以谦逊的态度去谈论。这种神圣感不仅仅是由于忠诚意味着保持真诚、建立信任，还因为在坚贞的爱情里，不忠会带来伤痛。

我们要先告诉你一些坏消息，人类是会对彼此不忠的。在对外遇人数的众多调查数据中，有一项著名的研究发现，有25%的男性和12%的女性承认他们有过外遇。人们发生外遇的原因各不相同，但通常情况下，外遇都影射出了情感关系中的某些问题。当然，也不排除有的伴侣之间爱情本身没有出现什么问题，却也发生了外遇。不论在何种情况下，外遇所导致的被背叛感对于婚姻来说都可以成为灭顶之灾。受到伤害的一方会因为伴侣的不忠而感觉遭到了背叛，他（她）的不信任感和愤怒感甚至会持续许多年，而发生外遇的一方则会在之后的多年中都感到愧疚和痛苦。

而好消息是，在不忠发生之后，情侣或夫妻通过努力是能够重建起恩爱的情感关系的。当然也有些伴侣虽然竭力想要重拾那丢失的信任感，却永远也做不到。为了给无法做到的人带来希望，我们在本章中要探讨一下忠诚这种价值观，以及如何建立忠诚。你不仅可以通过坚持一夫一妻制来实现忠诚，也可以通过坦诚地对待自己和自己的生活方式来实现它。

英文的“忠诚（faithfulness）”一词来源于拉丁语 fides，意思是“信任”。而英文的“信任（trust）”一词则是基于一个更古老的词——dru，意思是树，引申义是橡树的坚定不移。那么，忠诚的意思也就是要像一棵橡树那样，坚定而真实。在爱情中，你有能力选择一直这样做。

人们谈论“忠诚”这个话题时，其实是在谈论对伴侣的一心一意。然而，忠于自我也是“忠诚”的重要含义之一。如果你正直、忠于自我，就会自然而然地忠于伴侣。但是，忠诚的真正含义到底是什么？你认为忠诚和不忠之间的界线究竟在哪里呢？比方说，一个人有着忠诚的情感关系，但他还是可能会遇到一些外在的诱惑，这是很正常的现象；即便你有伴侣，你也会对伴侣之外的其他人产生好感，这也是很自然的，你和伴侣甚至会拿这些事情开玩笑，笑话彼此的魅力。

让我们看看雷吉和茉莉的例子。他们喜欢用温和的方式嘲笑对方和其他异性之间的眉来眼去。

然而，他们的这种调情行为永远都不会太过分，不会超出范围。他们不想伤害彼此，对此他们非常注意，这些调情只是为了寻求一些无害的乐趣，不会造成其他的影响。不论是对于他们个人还是情感关系，这都是一种忠于自己和对方的表现。

而汤姆和卡伦就完全放弃了这一立场。汤姆在看垒球赛时跟其他女人肆无忌惮地调情。这些调情的动作包括抛媚眼、说下流话，甚至不时拍一下人家的屁股。卡伦试着容忍他，尽可能表现得开明大度，提醒自己，男人有一些调情行为是正常的，可是她仍然觉得很受伤，想要跟汤姆保持距离。汤姆则觉得调情其实没什么，还抱怨卡伦对此看得太严重了。

汤姆对卡伦是忠诚的，他从没有发生过外遇，甚至从来没有过外遇的企图。可问题在于，他给了伴侣一个自己不忠诚、不自重的假象。即便他深爱着卡伦，并没有与其他女人发生性关系，觉得自己很无辜，却无法为自己的调情行为开脱。最后，汤姆的朋友认为这样做不仅伤害了卡伦，而且也伤害了他自己，因为他有着不自重的坏名声。他的行为与他本身的价值观或所想成为的人是不一致的。最后，汤姆意识到了自己的问题，学着更加注意自己的行为，开始与异性保持适当的距离。

卡伦和汤姆的情况说明对伴侣的不忠与对自己的不忠是紧密联系的，两者都与同一个核心价值观有关。这就是为什么那些对他人不忠（或者是像汤姆那样只是装出来的不忠）的人往往都有内疚感，深受内心的折磨。如果我们的行为从根本上与自己的深层价值观背道而驰，我们就会感到痛苦。要遵循忠诚的价值观生活，很重要的一点就是：一旦我们想要越界，就必须意识到我们的行为对于他人的影响，以及自己要付出的代价。

至此，我们讨论的都是一些无伤大雅的调情行为，但是如果你对伴侣之外的其他人产生强烈的好感和性欲，那该怎么办呢？如果真是这样，你要如何才能保持对爱情的忠诚呢？我们的建议是：

首先，你要允许这些想法和感觉自由来去，就把它当作一只在身边嗡嗡作响的小蜜蜂吧！如果你去打它，然后逃跑，蜜蜂就会被激怒，追着你飞。如果不予理会，它就会自己飞走了。不过，要小心的是：第一，让它们自由来去并不意味着积极地去迎合这些想法。这么做的目的不是邀请蜜蜂靠近你，然后制造蜂蜜。第二，你要时刻提醒自己，想法并不等同于行动。即便你受到了诱惑，仍可以选择忽略它，坚持按照你忠诚的价值观去生活。

像一棵老橡树那样保持坚定，在爱情中忠于自己和对方，这种精神是一笔值得追求的财富。没有了忠诚，你们就无法加深彼此间的情感关系，当爱情因为遇到某些事而变得艰难困顿时，你很轻易就会选择放弃。只有不断练习遵循忠诚的价值观行事，你才能真正成长，让亲密关系不受外在影响，永恒不变。

【练习】忠诚

花一些时间来关注和倾听内心世界，评估忠诚对你意味着什么。

◇当你想到忠诚时，会联想到哪些品质？可以选择你觉得最恰当的方式来描述它们，比如隐喻、色彩、质地，或声音。

◇在你的眼中，什么才是真正的忠诚呢？在别人眼中又是怎样的？

◇是否存在这种情况，你的忠诚和别人期待的忠诚是不同的？

轻轻地闭上眼睛，做几次深呼吸。在你的脑海中描摹一片田野。田野的中央，长着一棵高大的橡树。想象一下，你就是那棵树——深深地扎根在土地上，在任何风的诱惑下都岿然不动。把注意力停留在这个形象上两三分钟时间，让自己好好体会一棵树扎根泥土、坚韧不拔的感觉。现在，请轻声承诺，在今后，你的语言和行为都会遵照忠诚的价值观。然后再做几次深呼吸，睁开眼睛。

05

激情：关注伴侣，激活爱情

我已被你深深地吸引！

你的双眸，

你的娇唇，

你的思想！

——南希·罗斯·米柯　加拿大诗人

激情捉弄了我们。它诱使我们相信，在人生中的日日夜夜，都应该与伴侣体验这种强烈的情感。激情时常要我们相信，真爱充满深刻、强大的感觉，那是我们与他人维持情感关系的基础。然而，只要我们稍微现实一点就会知道，根本不是这么回事。

如果情感总是那么强烈，注定会遭受由三个方面的缺陷所带来的痛苦：他们会受到环境变化的限制，会发生很多争吵和矛盾，被爱的一方会被过分完美化。想一想：这些缺陷会导致什么结果？随着环境的变化，你会眼看着爱意转变成怨恨；如果伴侣做了你不喜欢的事，你就会以牙还牙；你意识到，原来伴侣不是你肚子里的蛔虫，于是大失所望。不管发生哪种情况，爱情都岌岌可危。

然而，只有当激情被看作一种价值观时，热情洋溢的情感关系才有可能。我们总是试图寻求激情，似乎它是遥不可及的。其实，激情就在我们身边，就在自己的家中。正如印度诗人卡比尔所说："听说水中的鱼很渴时，我笑了。"也就是说，你无须苦苦寻觅激情，因为它本就属于你。好好想一想，如何把激情带进你的爱情之中。

有一次，胡安在和自己的朋友史蒂夫畅谈时，说自己的婚姻是“一潭死水”，自己是“家庭的囚徒”，他把自己的妻子说成“死气沉沉的老斗牛”，给不了他任何乐趣。而史蒂夫却回应说：“我喜欢结婚，喜欢我的婚姻。如果你对婚姻感觉如此糟糕的话，那是你的问题，而不是婚姻的问题。”他接着解释说，正是与妻子的情感关系让他的生活如此妙趣横生，让他变得生龙活虎。你也许会发现，胡安在说到婚姻时垂头丧气，而史蒂夫却充满激情。即便是一场简单的谈话，史蒂夫都将自己的生命活力灌注到婚姻之中。无论是史蒂夫还是胡安，都可以选择过充满激情的生活。你本人是否觉得自己的爱情有活力、有激情，这是很重要的，即便是一个简单的玩笑，也能体现出你对此的态度。

这件事让我们得出一个有趣的定义：活力可以用来区分一个人的生活是有趣还是无趣的。那么，问一问自己：我的情感生活是愉快的，还是麻木僵化的？如果是后者，我是不是把兴趣和激情给忘了？当然，也许你无法分分秒秒都对伴侣保持无限的热情，但也不妨想一想，在日常生活中，你可以做些什么来向伴侣表达热情呢？比如对下面的事情做出小小的关注和承诺：

◇ 关注你的伴侣：听他（她）说的每个词，发出的每阵笑声。

◇ 关注你伴侣的存在：去欣赏他（她）。

◇ 关注你伴侣的身体：感激你们可以一起变老。

◇ 关注你伴侣的动作：笨拙中也能发现优雅。

◇ 发现伴侣可爱的举动。

◇ 询问伴侣感兴趣的事情，认真听他（她）的回答。

◇ 体会躺在一起的时光。

◇ 在散步时手牵着手，用心去感受对方。

◇ 了解伴侣的一个爱好，并真诚地参

与其中。

◇ 为对方喜欢的事花点钱。

◇ 了解对方想要你做什么，然后去做。

在日常交流中，你要有意识地全身心投入，观察你的爱情是如何重获生机的。

【练习】激情

回忆一下你曾对某人特别有激情（或是有强烈兴趣）的经历。这个人是谁？你和他（她）是什么关系？在脑海中描摹出你和这个人各个方面的关系。把你有兴趣做的事情都记录下来。试着说一些能带来激情的事情。再从这些事情中选择一件，对你现在的伴侣做这件事。

06

仁慈：爱是恒久忍耐又有恩慈

最小的善行好过最大的善念。

——奥斯卡·王尔德

长久以来，仁慈都被看作是一个优秀品质。佛教宣扬 mettā，也就是慈悲为怀。而记载了犹太人风俗和律法的《犹太法典》认为：“善行与一切戒律有着同等的分量。”《圣经》中写道：“爱是恒久忍耐，又有恩慈。”而孔子对弟子们的教导是“以德报德”。在通常情况下，人们似乎能意识到仁慈的重要性。一项针对六万人的调查显示，“善良”

是人们择偶时最看重的特质。

在初次见面时，人们很容易表现得仁慈。为了赢得对方的爱意和关注，他们忙于献花，亲吻对方的手背，赠送写着甜言蜜语的卡片等等。然而，随着时间的流逝，这些小善行就渐渐消失了。更广义宏观地来看，仁慈的消失不仅体现在行动上，还体现在语言上。我们渐渐地忘记了如何去做一个仁慈的人。

很多事情都能让人们忘记做仁慈的人，可能是因为你太过忙碌，终日为生活而打拼；可能是觉得已经老夫老妻了；或者你以为即使没有表现出来，伴侣也能知道你的本意是好的；也可能是因为你感到痛苦、愤怒，这些感觉让你选择表现得不友好。通过有意识地表示友好，你可以解决前两个问题，这是比较容易的。而最后一个问题则很棘手，因为有意识地隐藏仁慈，就意味着你在故意和自己的价值观对着干。这会让你很不舒服，难道不是么？

也许你会这样反驳："伴侣所做的事根本不值得我用仁慈的态度去对待他（她）！"这就是症结所在。你也许想问："是不是只有当别人也忠于他的价值观时，我才应该忠于我的价值观呢？"如果答案是肯定的，那么就等于根据别人的心情来决定自己的行为。这就把你放在了一个被动的位置上，为你带来不必要的痛苦。因为他人总是会让你失望，这是肯定的。为什么你要把行动的掌控权交给别人？掌控自己的生命和行动已经被证明是很有效的解决情感问题的方法。知名两性关系研究学者 J · 戈特曼和朱莉 · S · 戈特曼的研究结果显示，与不幸福的夫妻相比，幸福的夫妻会在他们的情感关系中表达出更多的爱意和仁慈。

恋爱之初，我们的朋友德翁和罗比就相处得十分艰难，曾多次分手。他们注意到一个循环模式：一开始他们的关系发展得很顺利，他们赞美彼此，表达谢意，为彼此付出，参加那些本不太想去的家庭聚会等等；但当双方在情感关系中越来越懒散，仁慈举动也就越来越少。为了引起对方的注意，他们开始唠唠叨叨，并越来越沮丧，甚至心怀怨恨。这样下去，闹分手是迟早的事。而分手可能会使他们用一段时间来忏悔，重拾仁慈。就这样，关系时好时坏，循环往复。

罗比最终意识到了这个行为模式，于是决定把仁慈坚持到底，养成付出的习惯，即便是感情再度陷入僵局，也不会改变。有时候，要做到这点是很难的。她的仁慈行为并不与她的感受一致。但是，她坚持不懈，终于在三天内形成了一个新的行为模式：当她向对方示好时，听到的唠叨变少了，而得到的关注却自然而然地增多了。双方都不再小心翼翼，或总是等着对方付出，而是总在努力成为一个仁慈的人。现在，罗比和德翁正享受着幸福的婚姻。每当回想起从前的无数次分手，他们就感到庆幸，因为那些痛苦的争吵终于过去了。

成功的关键就是坚持。你要把仁慈的行为养

成习惯，不能因为一时懈怠或生气，就把它们弃之一边。你也要记住,用不着在想到付出时才行善，不论想或不想，都是可以采取行动的。或者来点挑战，想一些新的点子来善待伴侣。

最后记住："最小的善行也要好过最大的善意。"即便是对最寻常的仁慈举动说一句"谢谢你的帮助"，或让伴侣多睡十分钟的觉，在寒冷的早晨帮伴侣擦一擦汽车挡风玻璃，都能为你们的感情基础添砖加瓦。发挥想象去奉献爱心吧!

【练习】友善

花点时间想一想你的伴侣。哪些小事情能让对方的脸上增添笑容呢？你能为对方做点什么？找出一些善待伴侣的简单方式，然后全心全意去做吧！可以今天就为他（她）做一件小事。明天再做一遍，接着是后天、大后天……

07

爱：用行动表达爱

我爱你，

不光因为你的样子，

还因为，

和你在一起时，

我的样子。

——罗伊·克里夫特 爱尔兰诗人

千百年来，人们坠入爱河，又逃离爱河。哲学家和科学家们写过很多有关爱的话题，他们总是试图解开爱的谜团，描述爱的模样。然而，在一切都说完做完之后，你还得去发现爱对你个人的意义。在你的心中，爱也许是一种难以形容的感觉，或是一个想法。但无论如何，最能体现这一价值观的方式，就是行动。也就是说，最好把爱说成一个动词——去爱。

那么，现在的问题是："我要如何成为一个有爱的伴侣呢？如何把爱看成是行动，而不是感觉呢？如何在情感关系中感受到爱的乐趣呢？"我们现在还不太建议你那么看重爱的感觉。感觉是很美好的，是所有人都心驰神往的。然而，我们还是希望你能超越那些感觉，去真正地做出爱的行动。有许多这样的夫妻或情侣，在情感关系中感受不到爱，于是就认定爱情出了问题，结果他们真的遇到了麻烦。这很正常啊！你怎么可能时时刻刻都感到美妙无比的浓烈爱意呢？有时候，你会对伴侣气不打一处来，爱的感觉好像也离你有十万八千里远。然而，即使当时没有感受到爱意，你仍然可以把爱当成一种价值观，付诸行动去表达。你可以采取有爱的举动，只要设定一个目标，然后实现它就行了。

阿娜伊斯·宁曾说："爱情从不会无疾而终。"爱情会死亡，是因为我们忽视了、厌倦了、远离了它，或者是当问题无法得到解决时，企图逃避它。是什么导致了情感关系的破裂？是对待爱的态度——你把爱当作了感觉，而没有行动。

我们来看一个例子。希拉与杰里刚开始交往时，他们的约会活泼有趣、谈笑风生，然后他们相爱了，开始谈婚论嫁。可是后来，杰里的工作进入了最繁忙的时期，他很关心希拉，但缺少时间去陪她。刚开始，希拉还试图去理解。后来，她感到受伤和不安，他忙得几天都不会打一个电话，希拉警告说如果他不能表现得好一点，就要分手。于是，杰里经常打电话给希拉试图挽留这段感情。可渐渐地，他忙得甚至不得不取消约会，这让希拉又一次有了不安全感。每当她警告说要分手时，杰里都会很紧张，然后加倍努力去满足希拉的要求。最后，他不得不划定自己的底线，对自己继续讨好希拉的行为感到力不从心，每次希拉因为不安全感而提出分手时，他都会感到受伤和愤怒。他几乎要脱口而出："如果你再拿分手来警告我，那我们就真的结束吧！你知道我有多么爱你，忠于你，可你就凭着一时的心情来终结这段关系，真是难以置信！"

从这个例子可以看出，希拉是把她对爱情的忠诚建立在感觉之上：如果感觉到爱，就会留下；如果感觉不安全，就警告说要离开。所有这些感觉会来，也都会走。如果希拉选择留下来，并以行动来坚持他们的爱情，情况又会如何呢？将会产生截然不同的结果，希拉和杰里两人都会脱离依赖情绪，并获得自由。

当你与另一个人有了深层的联系时，感受到各种情绪是很正常的。这些丰富的体验给亲密关系和感情发展提供了养料。我们并非要你去承担某种责任，或是钻牛角尖。事实上，我们是要你在情感关系中采取爱的行动，不但要向对方努力表达爱意还要积极行动。可以每天都问问自己："今天，我要怎样向对方表达爱呢？"或者，当你感到沮丧时，就停下来，问一问自己："此时此刻，我能有些什么爱的举动呢？"请把爱的目标摆在面前，然后身体力行，把这个目标变为现实。对于爱的体验再多也不算多，你和伴侣总是能找到更多的方法向彼此表达爱。

【练习】表达爱的行动

问一问自己："今天要怎样向伴侣表达爱呢？"然后行动起来！以下是建议：

◇ 把洗手盆中的胡须清理掉，而不是一个劲地抱怨。

◇ 在他（她）的枕边悄悄放一块甜蜜的巧克力。

◇ 自觉地把垃圾倒掉。

◇ 主动递给他（她）一个颈间按摩器。

◇ 对他（她）说一声："我爱你！"

◇ 即使不情愿，也要送上一句赞美。

Accepting Yourself and Your Partner

Chapter 3

亲密关系第二步：接纳你和你的伴侣

08

接纳：爱是接纳完整的你和他

爱，就是陪伴，就是摆脱一个幻想的世界，进入一个新世界。在那里，延绵的爱成为可能，两个人四目相对，促膝而坐，那是全心投入的爱。

——克拉丽莎·埃斯蒂斯 作家

如果你曾经爱过，那么不用我们说你也会知道，爱是一种多么丰富的体验，简直没有什么可以与爱潮涌动时的喜悦和眩晕相比，一切都是那么美好，整个世界都在闪闪发光，人生（尤其是你的人生）充满了意义。然后，突然有一天，你发现他在吃东西的时候会“吧嗒吧嗒”地响；发现她在晚宴派对上因紧张而没完没了地说话；发现他看电视的时间太久了，而且总把你的话当成耳边风；发现她把自己的东西丢得满浴室都是，还不喜欢在晚餐之后做爱。透过客厅注视着你的“最爱”，你只看到一个普普通通的人呆坐在那里而已。

在这个时候，你会很自然地认为，可能找错了人，你的伴侣竟然不是那个真命天子。而事实上，这正是一个体验真爱的机会啊！我们认为，所谓真爱，就是可以随着时间不断培养和成长的真实之爱，是通过持续付出才能达到的一种全情投入。要喜欢那些看起来很可爱的东西是很容易的，而要喜欢那些似乎不怎么可爱的东西却很难。其实，我们总是不愿意爱对方身上看起来没有魅力、令人失望沮丧的方面。可是我们自己也有很多不可爱的地方啊！所以，我们需要用一种真诚对待彼此的方式去爱，因为真爱需要一些合理的接纳。

接纳可以被定义为："一种精神态度，把某件事当作是事实来接受。"我们也可以说它是"由于认可而做出的接受行为"。在情感关系中，前一种定义更容易被我们采用。比如，对于达拉来说，接受丈夫看很多体育电视节目并不困难。她相信自己可以接受，因为知道这就是事实，然而她纠结的是，她无法接受丈夫总是在看电视。所幸有了第三种定义对情感关系中的接纳做了更直接的解释，从而为情感关系带来了帮助。这一次，接纳被定义成了一种"欣然接受"。

如果你留心觉察就会发现，这最后一个定义暗示了一种姿态，而非感觉。"欣然"形容的是接受能力的高低，而不是你对接受的东西的良好感觉。"欣然接收"就是说，无论你对迎来的东西感觉是好是坏，都要好意地去迎接它。在你决定开始一段感情时，就已经把伴侣请进了你的世界。你迎接的是他（她）的全部，而不是对方身上你认可或知道的那部分。想象一下，如果约会的时候，对方带着一份清单，上面事无巨细地列出了他（她）的各种性格特点，以及怪异的行为举止，那会是什么情形？我们仿佛能听见你心里在说："哦，如果真是这样的话那太棒了！"可是，这样的话你很快就会发现，要遇到一个人，他的清单能够完全让你接受，简直难于登天。你自己的清单也不一定会在对方那里得到一个好分数。最终，你将不得不面对一个选择：我是接受这个不太完美的人呢，还是孤独终老？

然而，接纳并不意味着无可奈何。在积极地选择迎接对方时，你会意识到，你正在选择而且意识到，你也可以选择关上门，拒绝对方，没有谁强迫你该怎么做。就像你选择是否继续一段感情一样，你也可以选择是否满心欢喜地接纳伴侣，接纳他（她）的全部。

如果伴侣做了你不喜欢的事，或是暴露出某些令人讨厌的方面，引起了你的沮丧、失望和愤怒情绪，你必须意识到，这些负面情绪也是你要接受的。这是接纳中最难做到的部分。别以为只要有了接纳的姿态，你就能避免受到这些负面感受的侵扰。当然，你不会喜欢它们的，会希望这些坏感觉赶快消失，但这也是你的情感关系带来的体验之一。问题是，你是否能同样接纳自己对此的反应？

【练习】接受

做几个深呼吸，慢慢地闭上眼睛，想象你和你的伴侣才刚认识不久。你在家，突然门铃响了。你打开了门，发现伴侣正站在门口，手里捧着一束玫瑰，面带微笑。你接过玫瑰，也对他（她）回以微笑。接着，伴侣拿出了一份整洁的清单，递到你的手上。清单上罗列了他（她）的所有积极特质。你仔细地阅读了一遍，留意到那些对你来说最重要的内容。读完之后，注视着伴侣，你俩都开心地笑了。随后，伴侣犹疑地将手摸向后面的口袋，掏出了另一张清单交给了你。这份清单皱皱巴巴的，似乎饱经风霜，上面列的都是他（她）的弱点、怪癖、麻烦、缺陷。你慢慢地读了一遍，又重看了一遍最关心的条目。看完之后，抬起头看着伴侣，他（她）还原原本本地站在那儿，也正在看向你。过了很久，你后退了一步，把门开大了一些，然后对他（她）说："进来吧！"

09

期望与失望：在苛求和接受之间找到平衡

在对与错之间有一个中间地带，我会在那儿等你。

——鲁米 诗人

期望与接受这两件事可谓是截然相反的。如果接受是爱情活化剂，期望就是爱情毒药。然而，大多数人开始一段恋情都是源于各式各样的期望。比如，我们会想“这个人会让我开心”，或者“这正是我要寻找的爱情”。如果没有期待，就不会失望了；而没有失望，我们就不会产生痛苦情绪。即便是最好的爱情，也经不起这些痛苦情绪的毒害。

我们认识一位女性，名叫玛丽亚。刚结婚时，她疯狂地爱着丈夫乔。她告诉我们，在此之前她从未感受过如此强烈的爱；她还滔滔不绝地谈论对乔的许多仁慈行为的欣赏。尽管乔来自一个富裕的家庭，但是他和玛丽亚都做好了长时间艰苦奋斗的打算，直到乔可以在新闻行业立足。但是意料之外的事情发生了，家族的财富突然丧失了，他们的经济状况面临挑战。本来玛丽亚打算留在家中当全职妈妈，但现在她不得不出去工作。

这可能就是故事的结局：尽管仍然受到乔的仁慈对待，但玛丽亚可能得一直辛苦地工作，承受着经济压力，心力交瘁。但是，穷困潦倒并不是玛丽亚所期望的。对于丈夫的微薄收入，她感到苦闷和厌恶。她发现自己总在对丈夫评头论足，也不再尊重他。她对乔的优点视而不见，而更关注于他所没有的。他们的婚姻充斥着沉默、争执、苦涩和指责。

期望带来的一个问题是：我们以为所期望的任何东西都是合理的。正因为合理，我们才会期待，难道不是吗？然而，令人沮丧的是，我们发现，感觉上的合理根本无关紧要。伴侣还是那一个，我们所拥有的还是那些。

我们以为他人和自己有着同样的观点，这种想法根植于期望中。因此，我们不仅期望某种行为或结果，而且期盼对方和我们抱有同样的愿望！正因为如此，当安德鲁对迟付了几天账单感到无所谓时，达拉就会感到异常惊讶。她从来没有意识到，彼此有着不同的期待，对方不认为必须及时支付账单。如果达拉还试图让安德鲁按时付账，而且像要求自己一样去严格对待他，那么她就会一直纠结下去。安德鲁最终选择尊重和满足达拉的愿望，按时支付账单，但达拉的愿望其实并没有达成，因为安德鲁只是表面上遵守规定而已，心里对待付账单的态度并没有改变。

如果说期望和接受是势不两立的对手，那么期望和失望就是忠实的舞伴。失望源于未得到满足的期望。也就是说，如果事先没有期望，你是不会感到失落的。当然，无论是期望还是失望，都是无法控制的。你是否也曾试图让自己停止期待某事，或是当你的期许没有得到满足时，试着不再感到失望呢?

为此，你需要学会一项重要的能力：在自我苛求和自我接受之间找到一个平衡。也就是说，对于情感关系，你有着自己的愿望、梦想、欲求和恐惧，这些想法和感觉的流露是很自然的。当伴侣做了或是没做什么事时，你不会去自找失望。因此，评判自己或是试图停止心中的期待最终都是徒劳的。我们建议你能够抱着同情和理解的态度看待这些期待。

然而，我们似乎太过信任自身那些难以捉摸的情绪反应了，总是对它们发出的信号照单全收。比如，如果你对伴侣所做的某些事情感到不舒服或愤怒，很容易就会落入想法的圈套。想法会告诉你："我不喜欢这样！这是不好的！我不允许这样的事情发生！"于是你试图让对方做出改变，给你带来舒适感。在这种情况下，我们建议你不要失去控制，而是做自己的主人。要接受内心的任何想法，同时认识到，你完全掌控着接下来要做的事。这个技巧的关键就是，一方面同情和理解自己，另一方面有着自我意识和责任感。

【练习】了解你的伴侣

列出伴侣身上那些你所欣赏的特质，比如诚实、可靠、幽默等。再列出他身上那些讨厌的特质，比如固执、健忘等。尽可能在两个类别中多写一些。现在，请认真地检查这两份清单，找出那些有关联的积极特质和消极特质。比如，讲信用是一个优点，而固执令人讨厌，但它们之间也许是相互依存的关系。想一想：男友固执的特质是不是也让他成为了讲信用的人？你女友的古怪是否正是你认为她有趣的一个原因？对伴侣感到失望时，你总是很容易指出他（她）的消极特质，认为那就是问题。你不妨换一种方式，让对方好与不好的方面能够和谐共处。

10

依赖与独立：从幼稚走向成熟

没有人能将他的安全感建立在别人的富贵之上。

——薇拉·凯瑟　美国小说家

要接受你的伴侣，有一点很重要，那就是要认识到，他（她）是一个完整的人，值得百分之百、原原本本地被接受。当然，这一点也适用于你自己。因此，我们常常听到的“另一个人才能使‘你’更‘完整’”这个说法是错误的。如果我们已经完整了，就不需要依赖其他人来让我们更好。

知名作家和治疗师斯科特·派克将婚姻（或许多亲密关系）比作爬山。婚姻是一个营地，登山者在那里得到食物和物资的补给，还有充足的休息，从而能够踏上各自的登山之旅。婚姻中的一方不能替对方去登山，因为这样做就是否定对方的成长过程和人生道路。事实上，情感关系是为这趟人生之旅服务的，起到了促进和支持的作用。接受的意思是要认识到我们都有着自己的山峰要去攀登，大家的旅程都是神圣的，并且对方完全有攀登的能力。

如果你理解了这个把独立比作登山的比喻，那么就想一想，你在情感关系中是不是真的这样做了。许多人在开始一段恋情时都寄希望于对方会给自己带来好的感觉。因为这个人到来时，带给你各种美好的体验，所以你期望他（她）在情感关系中继续发挥这样的作用，认为这是理所当然的。我们主观地认为，这是对方应该做的事，是对方在情感关系中不可推卸的职责。这种观念已经悄悄潜入了我们的信仰。但是，进一步想一想：这是真的吗？这是谁说的？如果是这样的话，难道我们没有义务去让对方开心吗？即使由于某种自身的原因感到不开心，我们是不是也要怪罪对方呢？既然如此，究竟谁的感觉应该被优先考虑呢？

如果你深信不疑地认为自己很难接受这些，就不能认识到，别人并没有义务来解救你。我们感觉不好，感到恐惧焦虑、寂寞难耐，这些似乎令人难以忍受，因此我们试图找到一个特别的人，并认定这个人能帮助我们从中摆脱。仔细回想一下伴侣曾让你感到伤心和沮丧的时候，算一算有多少次负面情绪的出现是因为对方没有给你想要的、能改善你的情绪的东西。

我们如此轻而易举地产生了这样的观念，认为伴侣应该照顾到自己的情感需求，这不是一个很有趣的现象吗？来看看这样一个例子吧：因为男友杰夫在社交场合忽略了自己，乔伊感到愤慨而心碎。当时，她正与杰夫及他的商务伙伴们在一起，顿时没有安全感，浑身不自在。于是，当杰夫正在与同事交谈时，她拽着杰夫的袖子，在他耳边窃窃私语：因为她一个人都不认识，所以感到很不舒服。而让她气愤的是，杰夫只是简单地点点头，然后继续和同事谈话。当她提出要早点离开时，杰夫也没有同意。毫无悬念，他们在回家之后发生争吵。乔伊泪汪汪地控诉着男友的冷漠，而杰夫则对她在派对上的不当行为进行指责。

你很可能也遇到过这种情况，只是具体细节不同而已。一旦我们认为这种不愉快的感觉难以忍受时，就会产生一种错误的依赖感，这种依赖感会阻止我们意识到：别人并没有义务去关照我们的情感需要。伴侣也许会出于很多原因，选择主动关照我们的需要，但这并不是他（她）在情感关系中的义务。乔伊只是无法认清，杰夫的情感需要和她自己的一样都是合理的。正如她有权去寻求他的关注一样，他也有权和自己的同事们说话。如果你认识到这个关于情感关系的真理，就会对自己的情绪状况负起责任，包括那些不舒服的感觉。这样做，旧的依赖形式将被替代，变成更成熟的情感依赖形式。在这种新情感形式中，你会观察自己的情绪——不论是舒服的还是不舒服的，然后根据你在情感关系中遵循的价值观来采取行动。

【练习】情感独立

在睡觉前，可以回顾一下这一天里你与伴侣之间的交流，想一想他（她）的感觉如何。你注意到了对方的哪些情感？自己产生了哪些相应的情感？双方的感觉之间有多紧密的联系？留意你们相似和不同的感觉。想象着你必须和伴侣有同样的感觉，而且他（她）对这种感觉负有责任，不论你的感觉是好还是坏。觉得这样的体验怎么样？看看你是否可以不再强求伴侣有与你相同的感觉，看看你是否可以欣然接受各种情感体验之间的差异。

11

怪癖：接受怪癖有好处

哦，您是大自然中一个奇特的零件！

——科利·西伯 著名演员

伴侣身上的怪癖之所以令人头疼，是因为它们是鲜有的、独特的，不是普遍共有的。也就是说，你所要对付的是一些无论如何都无法理解或联系起来的行为、信仰或其他特点，这让接受你的伴侣成为一个更大的挑战。我们很容易接受共同的价值观、观念和行为，因为它们对你没有提出任何额外要求。而要接受一些貌似陌生的东西，就要付出更多的努力和拥有更宽广的胸怀。许多人错误地认为，他们只有理解了才能去接受。而事实上，并不必如此，满心欢喜地去接受一些你并不理解的东西，是一种大度、有爱的行为。

或许我们可以用一个有关厕纸的例子来说明这个概念。安德鲁告诉达拉，他喜欢把厕纸安在墙边的卷轴上，这样就能很方便地沿着卷轴上方把厕纸抽出来了。而达拉却不以为然，她觉得，如果这样的话，会经常忘记装上新的卷纸。事实上，她有时候会记得遵照安德鲁的意思去装卷纸，但是会把卷纸倒过来装，让纸从卷筒下方被抽出来，她觉得这没什么不同。这点差异并没有造成什么影响:没有争吵，也没有哪一方要求对方解释。但达拉最终认识到，即使无法理解安德鲁的装厕纸怪癖，她仍然可以轻而易举地做到把卷纸正着安装，让纸从上方被抽出来。于是，她这样做了。即便她不理解，但还是接受了安德鲁摆放厕纸的偏好。

然而，安德鲁在厕纸上的另一个怪癖却得到了达拉的不同反应。他显然是对在卷轴上更换卷纸深恶痛绝。厕纸用完之后，他会拿来一卷新的纸，放在马桶旁边，但从不会主动把纸安在墙上的卷轴上。达拉发现，如果她不安装卷纸，它就会一直待在马桶旁边——地上、浴缸上、马桶水箱上，在除了厕纸卷轴之外的任何地方。这让她觉得莫名其妙。想到已经如此大度地容忍了安德鲁对卷纸安装方向的偏好，而对方却变本加厉，她感到非常不公平。于是她面临一个选择：可以继续认为自己是正确的，也可以亲自把纸安在卷轴上，然后想点儿别的对策。你认为哪一个选择更好呢？为什么？

【练习】接受对方的怪癖

数一数你自己有多少怪癖：有哪些行为是你经常做、被别人认为是很古怪的？

把这些行为列出来。此外，你还有哪些不为人知的怪癖？

列出一些你伴侣身上的怪癖，然后为每一个怪癖想出至少三个好处。希望这个练习你能做得愉快！想出的好处要有点儿创意。比如，你可以参考下面达拉对安德鲁关于厕纸怪癖所想到的一些好处：

◇ 达拉主动把厕纸安装上了，还因为自己做了件好事而感到怡然自得。这样，安德鲁就为达拉提供了给爱情加分的好机会。

◇ 既然厕纸不在卷轴上了，达拉就可以随心所欲地选择从下方抽纸了。

◇ 安德鲁不必安装厕纸，节约了时间，这样可以去做其他更重要的事情了。

12

变老：我更爱你，和你变老无关

一般说来，如果你是真实存在的，总有一天，你的毛发大都会脱落，眼珠会滚出来，身上的缝线会慢慢松散，会变得破破烂烂。但这都没什么关系，因为只要你是真实的，就会永远美丽，只有那些不懂你的人才会看不出这一点。

——玛格丽·威廉斯 作家

在今天这个时代，我们要接受自己的身体形象，简直就像是在经历一场规模宏大的战役，而要接受伴侣的外表就更是如此。在如今这个世界，我们有着越来越多的机会强行修整自己的身体，来迎合文化所认同的美丽和魅力标准。随着各种整形手术的日益普及，这种以疼痛和金钱为代价，拒绝自我形象的观念更加根深蒂固。我们都会日渐老去，这个不可否认的事实只有一个结果：我们的身体都会每况愈下，最后的最后，无法修复，直到离开人世。这是每个人毫无疑问都要面对的（我们任何人都难逃一死），然而我们对此却充满抗拒，这不是很讽刺吗？如果把老去看成是丑陋的，甚至是令人厌恶的，那不是活得很悲哀吗？

芭芭拉已经厌倦了没完没了的自我体形检查。她说："我厌倦了总是期望大腿再瘦一点，小腿再长一点，胸部再大一点。每当我开始疯狂运动，并发现大腿看起来的确变美时，胸却变得更小了。然后，我陷入了抑郁，开始暴食，胸又渐渐变大了，可是大腿上却长满了赘肉。所以，我坚决不再做任何努力来改变自己的体形了。"有一天，当芭芭拉来到镜子前时，突然意识到自己对身体的要求有多么苛刻。她说："我感到对不起自己的大腿！决定谢谢它们为我辛苦工作了这么多年，帮助我站立、坐着、上楼，甚至爬山。我简直对自己的大腿感激涕零！现在，我每天都会至少感谢身体的一个地方。"芭芭拉原先是在评判自己身上哪些部位不好，现在却转变成了接受和认可它们本来的样子，它们都是值得庆祝和珍爱的生命奇迹。

当然，我们无法抵挡文化中"魅力"一词约定俗成的含义所造成的影响。但是，如果我们能认识到，这些标准都是文化所塑造的，并非全然正确，那么就能更好地区分自己的价值观和别人的评价。试想一下，人们对于"有魅力"的评判标准是多么千差万别。比如，在某一时期，丰满而白皙被公认为是最美的，过了这个时期，骨感和小麦色肌肤却又成了最美的。在孟买的某部落中，有着长脖子的女性受到了很大的推崇，以至于女性们通过逐渐增加戴在脖子上的铜圈来拉长脖子。如果我们被丢在了这个部落当中，会发现自己被当成了有缺陷的人，因为我们的脖子太短了。然而一个来自这个部落的女性则很可能被我们的文化评判为畸形的人。

这些大众评判标准又是如何转化为个人体验的呢？想象一下伴侣脸上的皱纹吧，哪怕是他（她）嘴边的一小道。在脑海中尽可能清晰地去描摹这道纹路，问一问自己，是什么让皱纹这么难看？假设你得知皱纹是智慧的象征，越多就越聪明，那么之前的感觉会不会有所不同呢？

我们认识一个名叫瑞克的家伙，他曾经为自己的长相感到十分苦恼，认为自己非常难看。当他把这个想法告诉了最好的朋友戴夫时，戴夫不知道该说什么，因为他确实觉得瑞克不怎么好看。有一天，戴夫又不得不面对这个话题。“我真的觉得自己很难看，真郁闷！”瑞克又一次向戴夫求证他的长相。

戴夫沮丧地说：“那么，如果你真的就是很难看呢？”

瑞克震惊了，不知该说些什么，于是聊天就这么戛然而止。然而第二天，瑞克打电话告诉戴夫他的奇妙体验。“你知道吗？”他说，“简直不相信你会直接告诉我，我很丑。在那之后，我不停地去想这些话。于是我走进洗手间，盯着自己看了很久，得出的结论是：从今天评判魅力的标准来看，我长得的确不帅，事实上，我就是很丑，但是丑又怎么样呢？我终于得出了这个不可思议的结论。”

瑞克认识到一个奇妙而重要的事实：他的价值并不取决于外在长相，接受自己不帅的长相并不会妨碍他作为一个人的内在价值。你能明白这个真理吗？它对你和伴侣也同样适用。

【练习】接受对方的身体

为伴侣做一次“发现按摩”。选择一

个身体部位，比如手或脚，假装从没有见过这只手或脚，然后为他（她）做一次专注的按摩。你的任务就是尽可能温柔地、充分地认识一个人。完全面对这个身体部位，去喜爱它的样子、大小、感觉、年龄、用途，以及它服务于伴侣的方式。向他(她)的身体敞开胸怀吧！

13

我爱你的一切，包括你的家庭

假如你无法去除家庭的丑闻，不如就让它起舞吧！

——萧伯纳

亲密关系面临的一个巨大挑战就是，两个人的事通常都牵扯到两个家庭。即使我们感到在处理自己的家庭关系上已经游刃有余，但协调自己与伴侣家庭的关系还是十分棘手。然而，我们完全可以选择与伴侣家庭之间联系的紧密程度，比如，选择什么该说什么不该说，什么能做什么不能做。

我们时常觉得有责任在伴侣的家庭中扮演一个好的角色，而事实上，在任何人际关系中，你都享有同样广泛的选择，包括与伴侣家庭之间的关系。当然，这样的认识并不能保证伴侣不对我们与他（她）的家庭之间的关系有所期待。

下面的例子将告诉我们，意识到自己有选择权会带来多大的改变。詹妮弗与克里斯结婚多年之后，她的母亲改嫁给了一个叫吉姆的人。吉姆是个大嗓门儿，而且十分聒噪，但他也慷慨大度，并总能给人们带来欢笑。克里斯是家里的独生子，父母都已年老，因此，他习惯于安静平和的家庭环境。在詹妮弗的家庭聚会上，克里斯有时候会选择回避她的家人。尽管这让詹妮弗很恼火，但是她也认可克里斯有权在适当的时候照顾他自己的感受，

有一天晚上，吉姆的话尤其多，不停地讲故事，吸引大家的注意。他留意到克里斯很拘束，于是试着问了他一些有关工作的问题。克里斯的回答

不温不火，介于礼貌和粗鲁之间。晚饭结束之后，克里斯走开去“睡觉”了。后来，詹妮弗发现他在读书。这时，她选择说了这样的话：“我觉得你对吉姆有点太不礼貌。”

克里斯回答说：“他简直一刻也不能消停。”

詹妮弗说了一声：“我了解了。”然后转身离去。

然而，过了几分钟，克里斯自己起了床，穿上外套，直奔楼上去找吉姆。那天晚上睡前，克里斯告诉妻子：“我也不喜欢自己当时对待他的态度。那不是我的本意。”

这个例子的鼓舞人心之处是，詹妮弗和克里斯都能完全地意识到，每个人都有做选择的权利。詹妮弗可以对克里斯抱怨他对自己继父的失礼，但也认可克里斯有权决定自己的行为。因此，她的选择是不要求对方改变，但在必要时，她也会说出自己的想法。请注意，只是说出了想法而已，但并没有教克里斯应该去做什么，她只是简单地表达出了内心的真实想法。而克里斯随后认识到，他有能力选择如何与吉姆相处。当他认识到在这件事情上他并没有忠于自己的价值观时，他选择采取正确的行动。在这个例子中，詹妮弗和克里斯都在各自的登山旅途中迈进了一步。同时，他们的婚姻关系也变得更亲近了。

如果你与某个家庭成员发生了摩擦，要记得问一问自己："这个人的信仰或行为到底对我产生了什么影响？对于这件事我能做些什么？在家庭问题上，特别是处理与伴侣家庭的关系上，我的价值观是什么？"让这些信息来引导你，让你明白，并不是只有改变伴侣的家庭，你们才能在情感关系中接受彼此。

再给你一个忠告：即使你完全意识到自己是独立于伴侣家庭的存在，你仍然会被某些家庭成员打搅，并觉得受到很多困扰。该怎么做才能既顾及自己，也尊重了你的情感关系呢？你只需要避免一件事：那就是因为伴侣的家庭而责怪伴侣。

比如，假设你偶然发现小姑在某些地方表现

得很冒昧，你在伴侣面前抱怨她时，传达了一个错误信息——伴侣应该处理这个问题。你要时刻意识到，不论是你还是对方，都不可能改变小姑的行为。这是很重要的一步；其次，请把评判丢在一边，想一想你真正需要的是什么。尝试保有一颗仁慈的心。哪些办法对你来说是无效的？你的感觉向你传达了什么信息？自己跨越了某些界线吗？想一想，在这个情况下，你的价值观是什么，比如，你是更看重自信心和话语权，还是更重视家庭及与人为善。

既然已经进一步认识到了自己的问题，以及个人价值观在这种情况下所起的作用，那么你将会做出什么选择呢？请记住，接受并不等同于顺从或放弃。你知道小姑不可能改变，试图去改变她是徒劳的，但你仍然可以选择为她的不妥行为设定一个忍耐的底线。当然，也许你不得不一次又一次地改变这个底线，也很可能在每次被她冒犯时都感到生气。

【练习】对家庭的接受

花一些时间来想想家庭对你来说意味着什么。试着现实体验的限制，思考你对家庭的个人价值观是什么，哪些与家庭有关的东西对你来说是重要的，你希望在家里扮演怎样的角色。接着，问自己下面这些问题：要如何尊重家庭里我在乎的东西？为了保持家庭中重要的活力之源，我愿意去感受哪些负面情绪？此刻，我可以采取什么行动来实现这些价值观？

Moving into Openness

Chapter 4

亲密关系第三步：敞开自我，消除混淆

14

激情体验：与伴侣一起探寻惊奇和刺激的事

只有对一切都保有兴趣的人，才能在短暂的一生中获得丰富而激情的体验。

——劳伦斯·斯特恩 爱尔兰小说家

“什么？你说大卫要去意大利？要和那个女孩在那儿待一整个夏天？你在开玩笑吧？”克莉斯汀简直不敢相信自己的耳朵。前男友，那个和她谈了五年恋爱的呆头呆脑的家伙，居然一下子来了激情，打算去国外旅游了。她无法接受这个事实。

意大利是一个多么令人心驰神往的地方啊！如果能去那里，她宁愿放弃一切。可是，为什么大卫从来没有带她去过？

为什么克莉斯汀和大卫从来没有旅行过？事实上，这并不难理解。他们在一起的那些年并不能算得上有激情或有趣，双方太固执己见了，以至于看不到其他的可能性。让我们来看看这是怎么回事吧！

克莉斯汀和大卫相爱后不久，他们就决定住在一起了。和很多同居的情侣一样，他们很快发现了彼此身上的恶习和缺点。伴随着每个新发现，评头论足接踵而至。发现大卫在星期六看了一整天的电视时，克莉斯汀心里就会想："他太懒了，一点也不主动。"而当克里斯汀对大卫的行为表达了不满之后，大卫又会想："她真是唠叨，总是那么消极。"如果大卫一晚上都在家里无所事事，克里斯汀就会想："他真无聊！"而当克莉斯汀跑去逛商场时，大卫就会想："她真乏味！"

当我们注意到伴侣的行为（比如把脏衣服往地上一扔，而不是丢进洗衣机里）时，我们就会立刻根据自己的喜好来做出评判：脏衣服应该放进洗衣机;因此，他的行为是不好的。在这一点上，我们把此刻发生的事情与过去和未来联系在了一起。比如，我们会得出这样的结论："他真是个邋遢的人。"或者："她一点也不为别人着想。"当我们用这种以偏概全的方式来评判伴侣时，就给对方贴上了一个标签，认为这就是他（她）真正的特质。克莉斯汀和大卫都认定对方是乏味的人，好像乏味就是对方的真实本性。而事实上，"乏味"（boring）就是一个由元音和辅音组合成的简单词汇，我们都知道它的意思是"不令人兴奋的"。在克莉斯汀或大卫身上找到这个词的可能性比找到一堆铅的可能性还要小。而且，我们也不可能从他们身上找到"令人兴奋"这个词。然而，他们都认定了对方不仅令人乏味，而且会永远这么无趣。难怪克莉斯汀和大卫很难预见到他们的情感关系里可能会有的惊奇和刺激！

当然，你和伴侣还是会评判彼此，这就是大脑运作的方式。那么，选择评判的视角就很关键。当你注意到对方某个特别的行为时，可以简单地让它在脑海中一闪即过，也可以死守着它，并把它看作是一成不变的。这就是爱情出现问题的一个症结所在，但同样也是情侣或夫妻们和好的关键。想一想，你是否也曾结束一段看似乏味、没有激情的关系，而投身于另一段热情似火的爱情？那么，你因此突然从自己身上找到“性感”了吗？没有，你还是原来的你，不是吗？你感受到了所谓的激情，很可能是因为：你从过去的观念和行为中摆脱了出来，因此才有了感受性感的可能。既然如此，那么你和伴侣同样也可以在目前的情感关系中做到这一点。

所有这些都指出了“当下”区别于“过去”和“未来”的一个重要特征：一切皆有可能。现在，你有机会以一种正确的视角去看待过去，也可以敞开胸怀来迎接即将到来的一刻。这就是激情的精髓。抓住机会吧！

【练习】寻求激情

找一个你们都很空闲的周末。如果有孩子，可以让小孩也加入这个练习，或者可以把他们交给别人看管，这样你们在做练习时可以更加自如。我们将以开车为例来描述这个练习，不过也可以选择走路或骑车。你们要有足够的物资：饮用水、点心、必要的衣物、毛毯、一只能正常使用的手机，当然，油箱要装满汽油。现在，选择一个目的地，上车，出发吧！唯一的向导就是“当下”。如果在开车的路途中发现了什么有趣的东西，就停下来！如果你们发现了一条很想走的路，就选择这条路。我们认识的一对夫妻就做了一个傻傻的决定，他们在走到路口时，交替着选择向左转或向右转，即使最后驶进了一条很脏的路也不要紧。就这样，他们最后来到了一家烤蛤店的门口。不过，那是别人的故事。你们可以在前进的过程中创造出适合自己的旅程，看看最后会到达哪里。

15

后退：妥协的技巧

生命的逝去不是发生在一瞬间！生命的逝去发生在每分钟、每天，源于我们无数次对它的细微忽视。

——斯蒂芬·文森特·贝内特 美国小说家

达拉的弟弟乔恩和其妻简在科罗拉多州的杜兰戈市买了一幢漂亮的历史名宅。这座房子建于十八世纪，年代久远，需要翻修，他们都觉得这是一大挑战。翻修的一个主要工程就是要把二楼的大部分拆除，因此，乔恩对此做了认真的准备。

比如，租了所需的拆除设备，甚至还有全脸呼吸面罩，以备在拆除木板和石膏的时候使用。他还有一个绝妙的终极计划，就是把这些沉重的石膏以及其他废料从二楼直接倾倒到楼下的卡车上。

到了那天，乔恩戴上了呼吸面罩，开始处理那些沉重的废料。接着，简也下班回家了。她换下衣服，也戴上了面罩，准备投入这项令人生畏的“战斗”中。她和乔恩一起上了楼，开始气势汹汹地向剩下的墙面“宣战”。

“等等！”乔恩突然惊呼起来，向简挥手示意，让她赶快停下。“不要那样做！”他试图演示如何拆除那些墙才能让沉重的废料落在倾倒口的周围，而让剩下的粉屑落到别处。简看了之后点点头，开始继续“战斗”。“简！”他又惊呼起来，神情沮丧，“你把我的计划打乱了！”

简满头大汗地回应道：“没关系！我知道怎么做！”

“我已经做了周密的计划，而你却把它搅乱了！”

“拜托！不是只有一种方式来做这件事啊！”

这时，他们都停了下来，杵在了那里，双手撑着腰，双眼瞪着对方，激烈地争执起来。他俩之间存在着一个严重的问题：他们都还戴着全脸呼吸面罩，谁也听不清对方在气呼呼地嚷嚷些什么，就像是在水底对话一样。然后，他们很快意识到自己是多么荒谬，开始哈哈大笑。

乔恩和简开始跳出那些针锋相对的言语，从一个不同的视角来看待这件事情。他们都做了一些退让。他们都发觉了用含糊不清的声音相互指责是很荒谬的，并看到了整件事的愚蠢可笑之处。在这个例子中，他们认识到隔着呼吸面罩争吵无法解决问题，并在这个事实面前选择了退让。而你可以在任何情况下选择做出同样的退让行为。也就是说，你意识到了，不管何时发生了口角，无论大脑在对我们说些什么（“我是对的！”“她是错的！”“他太霸道了！”），我们都有能力做出退让，仅仅是去观察正在发生的一切。

有时候，退让是很难做到的，尤其是当双方都陷入争吵时，比如，当我们觉得成为正确的一方很重要时。要做到退让，需要有一定程度的技巧。所幸的是，通过学习和练习，你完全可以掌握这种技巧，而且不需要借助呼吸面罩！

下次，如果你发现自己与伴侣又陷入了争吵，而且无法从中跳出来，就要提醒自己，这并不是事情的全部。这样，你就会想让这场争吵过去，就会尽力去理解对方，努力去营造好的感觉。要学会退让，然后设身处地观察你们的所作所为。伴侣正站在你的面前：他（她）现在需要什么？你就站在这里：你的真实感觉是什么？你需要什么？问一问，在此时此刻，在这场情感关系中，你们都有怎样的表现。思考一下，作为一对恋人或夫妻，可以采取哪些行动来实现你们相依相偎的承诺。

【练习】退让

我们把这项练习叫作“习练吵争话说着倒”。你们在做练习的时候，很可能会发现对此不感兴趣，所以最好在练习之前就做一个承诺。要为一场争吵提前做准备，可能会有点荒唐，但这也不是完全不可能的。你们的任务很简单，就是完全投入到争吵当中，然后仔细观察。

下一次，当你和伴侣发生争吵时，不管是小吵还是大吵，两人中先想起来的一方必须停下来一会儿，并说：“现在是练习时间。”然后，请继续争吵，但必须倒着说话。“！话说我听不都来从你”——就像这样。看看你们的争吵能这样坚持多久吧！同时，请注意双方的反应。

16

公平：爱的世界里不讲公平

爱的意义在于付出而不求回报。付出，不因自己亏欠；付出，不因他人应得。因此，真爱永不同于那些出于利益或享乐的结盟，永不建立在公平交易的基础之上。

——莫蒂默·阿德勒 美国哲学家、作家

没有什么事情能像遭遇不公那样让人气血上涌。少数人在看到别人遭遇不公时就会怒火中烧，而大部分人在自己没被公平对待时更是沮丧至极。

我们仿佛给公平投了保险：当一些不公之事发生时，我们都觉得是个灾难。

公平（fairness）的一个近义词是平等（equitableness），它来源于拉丁语的 aequitas，这个词意思是“相等的、公平的、平等的”。这也许暗示了公平之所以如此重要的原因。第一，我们认为公平和平等是互相联系的，由此引发了关于价值的问题。当事物（在这个例子中是人）平等时，它们拥有等量的价值，而每个人都向往拥有价值。当我们觉得自己的个人价值比别人少时，就会内心纠结。第二个原因在于公平和对称之间的联系。人类尤其欣赏对称美。对称显得有序、平衡、可预知、令人舒服，多美啊！尽管我们知道那句古老的箴言“人生是不公的”，但多么希望现实并非如此啊！

让我们来进一步分析第一个观点，也就是：某种程度上，公平反映了人的价值。这个结论是如何得出的呢？假想一个婴儿突然降生，出现在你的面前，你会觉得他（她）有价值吗？记住，他（她）可什么都还没做，没有成绩，任何东西都没创造出来呢！然而，他（她）是不是仍然有着内在的价值呢？如果这个婴儿出生在一个不重视他（她）的家庭（不论这种不重视是出于何种原因），那会怎么样呢？也许，家人会觉得这个孩子比其他人差了些，并且用这样的态度去对待他。这会使这个婴儿丧失自身的价值吗？如果你认为会，那是什么带走了他（她）的价值呢？

你只要想一想，很可能就会发现，这个婴儿的价值并不取决于外部事物。一个人的价值并不会随便减少或增加，即便他是个嗷嗷待哺的婴儿。他的价值存在于自身。但是，正如这个例子中被不公平对待的婴儿，我们许多人都与内在的固有价值失去了联系，而去相信自身的价值取决于别人是如何看待我们的。于是，为了获得那份价值，我们被驱使着去尽可能地表现自己。相应地，如果我们犯了错，就认为自己丧失了价值。因此，被人不公平地指责就会让我们觉得无法忍受，甚至会让我们处于危险的境地。在现实中，作为人类的基本价值是任何人和事都不能抹杀的。

说到平等，很多人都怀疑人生不是平等的。经验告诉我们，人生是混乱的、无常的、多变的，处处都存在着意外。要避免强求那并不存在的平等，你就要理解，期待平等所带来的舒适感并不等同于相信人生本应如此。想象一下，如果一场爱情中，事事都必须平等，那会是什么样？我们认识一对这样的情侣。如果一方做了某件事，那么另一方必须得做另一件。他们记录了一堆没完没了的账单，上面清楚地记着谁在何时做了什么。然而，这种坚持“对半分”的爱情导致了许多的冲突、争吵和痛苦。如果其中一人得了51%，那么另一个就会一直抱怨，直到对方做了某件事，重新让他（她）心理平衡。这种策略关注的总是谁在过去做了什么，或者谁将来要做什么，而并没有专注于活在当下。

在这种情况下，我们希望你能意识到强求公平背后的实质性问题，这将能帮助你从痛苦纠结中摆脱出来，留出空间来做更多积极而有意义的事。在情感关系中，有多少次你是因为伴侣的不公对待而感到生气、沮丧？你在过去一个月里洗了三周的衣服；因为犯了某个错而被伴侣责怪了，而事实上他几天前也犯了同样的错。这样的例子真是数不胜数，不是吗？关键是要认识到，当觉得某些事不公平的时候，其实是我们在对这个世界“不公平”啊！世界本来就不是处处公平或平等的，所以这种不公的感觉必然来源于我们自身。

如果你放弃“人生应该是公平的”这个想法，爱情会怎样呢？我们的意思是真正的放弃，也就是，要真正地活在当下。以洗衣服的事情为例，脏衣服已经堆成小山了，而伴侣似乎并不打算采取什么行动。这时，一切就是如此。如果没有过去关于公平的观念（洗衣服的总是你，这件事应当要公平）跳入脑海的话，摆在你面前的就是一个简单的事实，只需要做出一个选择。而事实上，不管如何行动，你作为一个人的基本价值都不会受到损伤，不是吗？

【练习】对待不公平

你们的任务就是，用一整天的时间，尽可能去不公平吧（周末是做这项练习的最佳时间），但是，受到不公平待遇的人并不是对方。请确保你所做的都是对自己不公平的事。比如，通常伴侣会在你准备早餐时洗餐盘，那么这一次，请你把洗餐盘的活儿也包揽了吧！不要向伴侣解释你为什么要这么做，这很重要。只是默默地去做一件对自己不公平的事。如果这一次是轮到她去洗衣服，你应该知道要怎么做了吧？觉得该轮到你去选一部电影看了？恐怕今天不行！在度过这一天的过程中，仔细观察自己的反应，也同样留意伴侣的反应。

17

幽默：为爱制造轻松愉悦的环境

一个没有幽默感的人就像一辆没有缓冲弹簧的马车，在石子路上一路颠簸。

——亨利·沃德·比奇 美国演说家

幽默是人生赋予我们的一大礼物。没有人知道娱乐和欢笑的现象是如何产生的，但幸运的是，这些现象的的确确存在着。如果爱情有幽默伴随，那么一切皆有可能。欢笑会带来轻盈、愉悦，再大的困难也会显得不值一提，再小的幸福也会被无限放大。我们与伴侣一同欢笑，不论是偷偷地笑还是捧腹大笑，都是一种甜蜜而令人愉悦的亲密方式。我们认识一些亲密的伴侣，他们在一起的时候总是笑声不断。这种轻松的相处方式使他们青春常驻、精神抖擞。

关于幽默，最让人惊喜的一个事实也许就是：我们有能力选择与幽默为伴，有能力在情感关系中为幽默留出一席之地。多少年来，达拉和安德鲁一直挤在帕洛阿尔托市加盖在一户人家后面的一个小别墅里。他们喜欢小屋在远离街区的地方，周围绿树成荫、繁花似锦。忙了一整天下班回家之后，达拉穿过庭院的大门，会感觉自己走进了一个芬芳四溢的圣地。

可是后来，他们遇到了麻烦。新来的邻居买下了隔壁的房子。有一天，达拉和安德鲁回家后发现，邻居为了给房子的巨大翻修工程留出空间，把庭院围墙上的植物都割除了，把所有的树也砍了。这些树的所有权都是邻居的，因此他们什么法子也没有。安德鲁试图去和邻居商量，邻居说会再种一些植物。可是，要等到这些植物枝繁叶茂起来，还不知是猴年马月。达拉无法接受这样的事实，感到很生气：邻居竟然会砍掉那么多漂亮的参天大树，只是为了给房子多腾出几平方米的空间，而且，要做这么大的变动，也没有向周围可能受到影响的人征求意见。而安德鲁天生就更实际，所以当达拉抱怨时，他会说："宝贝，这件事不是我们能做主的。"他的意思是："别再抱怨了，接受现实，好好生活吧！"但是，达拉并没打算就此罢休。

大概是两周之后的一天，达拉又一次回到家，走向庭院门前的那条路时，她停下来，瞪着隔壁这幢"盛气凌人"的房子，接着放下包，爬上了围墙的悬梯，站在那里，愤怒地盯着邻居家的房子。突然，她发现安德鲁正站在旁边，很显然，他从家里的前窗发现了她的行踪。安德鲁默默地把一个东西递给了达拉，然后转身回了家。达拉看着手里的东西：那是一只鸡蛋——一只生鸡蛋。她开始捂嘴偷笑，最后忍不住放声大笑起来。如果你想知道达拉用这个鸡蛋做了什么，她可不会告诉你。你只要知道，从那以后，无论什么时候她回到家，就会想到那只鸡蛋，脸上立刻会露出笑容。

这个绝好的例子告诉我们，在情感关系中任何事情都是可以做到的。我们不仅可以保有一份幽默感，而且可以积极地表达同情和理解。安德鲁关注到了达拉强烈的挫败和无力感，他没有试图去改变她的感觉，或者对达拉心里的感受漠不关心。事实上，他想到了一种可以满足达拉的方式，并帮助她表达了愤怒，摆脱了那些困扰的感觉。更重要的是，尽管在这种情况下他们似乎无法做出任何改变，但是安德鲁递鸡蛋让达拉扔的举动仍然体现出了幽默感。他是怎么知道要这样做的呢？也许，达拉站在围墙上的画面让人觉得好笑，或者他天生就明白一个道理：人生还有着无限可能的活法——比如，用一只鸡蛋带来许多欢笑。

【练习】幽默

回想过去你和伴侣因为某件有趣的事情而开怀大笑的情形，让这个记忆完全存在于你的脑海中。记住当时的感觉，并与伴侣分享。请留意至今仍能清晰感觉到的温暖记忆，那些开怀大笑所带来的轻松感觉。尽管幽默不能强求，但是它似乎总是在你的周遭盘旋，不断抛媚眼，等待你灵光一现的时刻。所以我们建议你留心一下，在今天之内，你是否能够捕捉到一丝幽默感。如果发现幽默的踪迹，也给它回一个媚眼吧！

18

控制：别丢了红宝石却守着木盒子

如果人们心中爱的力量取代了对力量的爱，那么世界就会和平安宁了。我们期待着这样一个时刻的到来。

——威廉·格莱斯顿　英国首相

从前，有一个穷光蛋，过着十分艰难的生活，忍受着孤独和无爱的痛苦，不得不靠着卑微的乞讨和抢夺混日，还时常忍饥挨饿。后来有一天，他碰上了点儿好运气：在森林里寻找食物时，他发现了一个破旧的皮包，包里居然有一个乌檀木制成的盒子。他又惊又喜，把盒子放在手中前后左右地翻看，又把它紧紧抱在胸前。现在，这个盒子是他的了！仅仅是观赏这个盒子的外表，都让他觉得爱不释手。在匆匆回家的路上，他突然在一块木头下面发现了什么——另一个包！他忍不住想把它打开，看看里面装着什么，可是，又舍不得放下手中的盒子。毕竟，他知道一无所有是什么滋味。于是，他说服自己，这个包里什么也没有，就继续赶路了。当然，如果他知道这个包里装满了红宝石，一定会立刻把手中的木盒子丢到一边。

如果我们对世界敞开心胸的话，将会得到比想象中更多的东西。事实上，应当把拥有宽广的胸怀看成是我们与生俱来的天性。你也许已经开始以开放的心态，来面对生活和各种体验了，但有的时候，还是会害怕失去。我们已经学会了自我保护，不让自己受到任何可能的痛苦。但是如果这种保护隔绝了更多机会，我们可能就会遇到麻烦。自我防御、自我保护的姿态也会对情感关系造成致命的影响。它会一点点地抑制爱情中的积极面（包括关爱而大度的举动，这些是爱情得以存活的血液），最终将其完全扼杀。如果我们因为害怕失去而过分地进行自我保护，就会错失成长的机会。

自我保护的一般形式是运用权力和控制。如果我们能够控制某件事的发生，就不大可能会遭受损失，或感到受伤。然而，这样的话，也可能断绝了自己的好运。遗憾的是，我们通常并不知道自己因此而损失了多少。

这里有一个关于奥古斯托的例子，他是一个出了名的惧怕承诺之人。当他向伊莎贝尔求婚时，朋友们都感到十分惊喜。尽管奥古斯托爱着伊莎贝尔，但是一想到余生将只能与这个人共度，他就感到惴惴不安。在婚姻生活刚刚开始时，他强烈地意识到自己在各个方面都变得越来越不独立了。于是，他决定对这种损失施加更多的控制。比如，当伊莎贝尔迫切地询问他什么时候回家吃饭，而他对此感到厌恶时，他就会刻意坚持自己的独立性，要么拒绝告诉回家的具体时间，要么比自己所说的回家时间更晚到家。

后来，伊莎贝尔与一个他们共同的好友——叫克里斯的女人发生了激烈的争吵，她与奥古斯托之间的矛盾也由此进一步升级了。克里斯为了报复伊莎贝尔，开始故意向奥古斯托献殷勤。而奥古斯托想向伊莎贝尔证明自己是一个充分独立的男人，即便是他的女性朋友克里斯和自己的妻子吵架了，他仍然可以和克里斯继续做朋友。因此，每当伊莎贝尔向他寻求对自己所处境地的支持和理解时，他就会严正声明自己有权利继续和克里斯交朋友。伊莎贝尔很快意识到这种现状，只能把苦水往自己肚里咽。事实上，她在感情上已经开始疏远丈夫了。

这个“丢了红宝石，守着木盒子”的例子充满了遗憾。奥古斯托陷入了自我保护的陷阱，错误地认为，必须捍卫自己的独立性。他只看到了别人要求他放弃一些东西。事实上，他认为婚姻妨碍了个人选择，因此，觉得自己不得不努力证明在自己的人生中仍然有充分选择的余地。他没能看到自己手中可以掌握的选择：去尊重自己的妻子，支持她，去寻求增进婚姻关系的方法。他并没有认识到，情感关系中的每个举动都是一个选择，而不是义务。讽刺的是，他认为需要捍卫自己的独立性，最终限制了他做出其他选择的自由，而且还赔上了自己的爱情。伊莎贝尔不再问他什么时候回家，也不关心他做了什么，他终于回归了完完全全的自由。直到现在，他仍然没有意识到，如果选择在爱情中敞开心胸、卸下防御，将会有多么不同的结果。

权力和控制都来源于幻想。然而，我们从不敢冒着丧失权力的风险去做选择。没有人能夺走权力。事实上，我们的选择能力才是独立性的最好体现。当采取行动去保护那些并不需要保护的东西时，我们就断送了自己的机会。在你的情感关系中，是否也曾与“一包红宝石”失之交臂呢？

【练习】放下权力和控制

做几个深呼吸，闭上眼睛。想象正站在一个大剧院的舞台上，观众们站在台下向你欢呼喝彩。一位评委走来，把一枚硕大的奖牌戴在了你的脖子上。把奖牌翻到背面，上面写着“权力与控制大师”。你向台下崇拜你的群众挥手致意。然后，你戴着这枚奖牌，在镇上巡游。每个人看到“权力与控制大师”这几个字都会露出微笑。你有自己特殊的停车位；在咖啡店里，人们会留出队伍最前面的位置给你。但是，胸前的这枚奖牌开始变得沉重，它扯着你的脖子，让你头痛。而且，没有一个人愿意和你说话。他们向你致敬，然后就匆匆离开了。大部分时间你无人做伴。最后，你实在无法承受奖牌的重量了，于是把它摘了下来。哦，这简直是一个解脱！你感觉轻松多了，也畅快多了，终于可以再次自由自在地行动了。要知道，这是你放弃了权力和控制之后得到的恩赐，好好地享受吧！

19

慢：耐心是给对方的最好礼物

小不忍则乱大谋。

——中国谚语

“快，我马上就要！”除此以外，我们还能说什么？在今天这个瞬息万变的时代，我们已经习惯了快节奏的生活。我们迫切想要打开一个网站时，就算是网速稍稍慢了几秒钟，也会感到郁闷。

如今，要想培养耐性实在是太难了。不过，我们还是认为，这是非常值得培养的。在爱情当中发挥慢的力量能够避免灾难，为温柔和“正确”

的行为留出空间。“慢活”作为一种价值观，需要的不仅仅是面对时间流逝时的从容，还要勇于在平静等待结果的同时去经受各种不确定性、困惑，甚至痛苦。

我们可以通过很多方式来培养耐性。不过，在此之前，先要谈一谈在高压中匆忙度日的代价。你是否曾经对别人做了一个承诺，转念又后悔了？是的，我们都干过这种蠢事。这只是你为缺乏耐性所付出的一个小代价而已。你是否还曾风风火火地开车抢过一个路口，结果还是不得不等在下一个红灯前？哦，这样的事我们刚好也都做过。你成天紧张兮兮，把伴侣想得糟糕至极，结果发现他（她）出人意料地为你做了一件好事？天哪，正是如此！这些小小的紧张时刻本身也许不值一提，但是如果加在一起，就会让你在匆忙和妄加揣测中损失掉大量的宝贵时间。

如果我们一味地追求速度，就无法感受当下的时光，无法欣赏这个美好的世界，忽略善意的举止和关切的话语。我们总是行色匆匆，期待着时间快点过去，却忘记了当下才是你真正拥有的一切。在爱情中，很多人错过了一时忍耐换来的风平浪静。自动忽略了爱人脸上的笑容，以及他（她）增进双方感情的独特幽默方式。我们错过了付出和接受爱的机会。但是，怎样才能不错过这些呢？慢下来！

凯蒂和托尼之间的关系完全取决于对速度的不同观念。凯蒂觉得托尼早上起床的速度太慢了，而托尼则受不了她每次出门前要做的漫长准备。凯蒂希望对方能在洗漱的时候快一点，而托尼希望能立刻到公园去遛狗。凯蒂同意出去，不过要等20分钟以后。托尼想在今天随便什么时候看一场电影，而凯蒂坚持要立刻去电影院占个好位子。托尼想吃晚餐，他快要饿死了，而凯蒂想先迅速地列个菜单，然后再做饭。还有一件有趣的事：托尼希望凯蒂能更快、更迅速！而且一直这样下去。然而，最糟糕的是，他们对彼此的内心体验感到很不耐烦。托尼希望凯蒂能立刻高兴起来，而凯蒂希望托尼能马上做出决定。看来，这对夫妇很需要适当地放慢下来。

要培养耐性，你需要付出努力，集中精力。具体有两个办法：第一，练习正念。你需要坚持练习，完全意识到自己在当下的存在，然后慢慢地把注意力集中在情绪和想法上。是你的想法在催促你们吗？静静地观察目前的情况，采取此刻对双方都有利的行动。

第二，练习等待。用一些时间练习慢下脚步。你如果发现自己又忙得停不下来，就做一次深呼吸，等足一分钟的时间；让脚在踩油门的时候放轻一点，并注意你开车的方式；慢一点走路；练习冥想。在爱情中，留心那些妄自揣测的思想，不要评价它们，仅仅把它们当成是揣测；为你对伴侣的担忧找一个宽慰的理由。在做任何事的时候，你都要可以放慢速度，给他（她）所需要的时间和空间，认真关注伴侣的感觉。在某些情况下，耐心就是你可以给爱人的最好礼物。

【练习】耐心

磨炼你的耐性。选择一件你通常都是匆忙完成的事（比如叠衣服、打扫厨房），然后把它慢慢地做完。再找一件你通常催着伴侣去做的事，然后站在对方的角度去看这件事。你希望自己被怎样对待？请注意在这种状态下运用耐心。

Being Present to One Another

Chapter 5

亲密关系第四步：享受当下的爱情

20

正念：温柔地关注此刻的爱人

一个人一旦密切注意起任何事物，即便是一片草叶，也会变成一个神秘、奇妙、无比壮丽的世界。

——亨利·米勒

你最喜欢的时刻有哪些？我们指的并非是美好记忆，而是那些你与内在世界保持紧密而愉快的联系的时刻，令你感到精力集中、真正活着的瞬间。比如，罗宾在内华达州的塔霍湖盆地沿着山路骑车时就体会过这样的时光。她看到山下一千英尺处的壮美湖景，以及那狭窄陡峭的山路；她感觉到脚踩着自行车的踏板，双手紧握着龙头把手；她听到鸟儿的鸣叫、微风穿过树林的沙沙声，还有轮胎碾过山路上的碎石的声响。她的感官全部被打开了。她牢牢记住了在早春清新的空气里奋力前行时自己那有节奏的呼吸，包括呼吸的声音和感觉。这简直棒极了！她回想起自己也曾有过这种时刻，那是在自己的婚礼上，当时，她正缓缓地向丈夫走去。

正是因为有了这些时刻，人生才如此生动，如此精彩。为什么我们不寻求更多这样的时刻呢？为什么不能每时每刻都感受到这些清醒而重要的瞬间呢？我们总是轻易地把日常工作当成借口，指责工作妨碍了我们去享有那些美好时分，让它们白白浪费掉了。你也许会问，在这种情况下，要如何拥有更多美妙时刻呢？更进一步地说，我们要怎样与伴侣一起拥有更多美妙时刻呢？

来看一个比日常工作更大的阻碍吧，那就是

我们通常认为这些时刻是可遇而不可求的，它们是偶然事件，而不是精心准备的，没人能控制这些时刻何时降临。至少，我们是这样以为的。

然而，如果它们是可以控制的呢？事实上，即便是在单调乏味、平淡无奇的日常生活中，我们也仍然会遇到这些美好的时刻，随时随地都可以得到它们，现在也可以——只要你拥有“活在当下”的意识，把注意力集中在此时此刻，有意识地关注此刻正在发生的事情（练习正念）。

当然，这说起来容易，但做起来就很难。如果你尝试过正念，或练习过冥想，就会认识到要全神贯注是多么困难，即便是只用几分钟的时间。我们的大脑总是忙忙碌碌的。它们喜欢飞速运转，把你的思绪拉到未来或过去，却不给它一点点的机会来感受当下。

你可以花几分钟反思一下：大脑何以如此忙碌，它在忙些什么？请留意一下，你把多少时间花在了回想过去，或是计划和担忧未来。我们并没有意识到此时此刻，总是一次又一次地错失美好的时刻。我们忽略了对周围和世界的感受，错过了欣赏伴侣的机会。

幸运的是，你现在就可以带着“活在当下”的心态开始新的生活。活在当下，就是要保持正念，全心关注当下的伴侣和情感关系。你并不需要一边谈恋爱一边进行冥想，不过偶尔练习冥想的确是很好的主意。你需要的是关注当下，关心伴侣，为对方着想。要达到这些目的，你可以采取许多不同的方式，可以在伴侣睡着时，静静地观察他（她）的呼吸，或者认真地关注对方在洗碗或做饭时的样子。可以抓住的机会还有很多，但是你需要坚持留心，并坦然面对自己和伴侣的感觉。在初次做这样的练习时，你的注意力可能会很容易游离。这时，轻轻地把飘走的思绪再带回来，让注意力重新集中在伴侣身上，去揭开面前这个人的神秘面纱。

在与伴侣交流时，别忘了保持关爱和开放的

态度。当你全心关注当下，关注所爱之人时，这种态度能让你的伴侣展现出真实的自我。然后再看一看，你和伴侣在一起的美好时刻是不是多起来了。

【练习】正念

找一个你既可以独处，又与伴侣离得不太远的时机，只需要几分钟就可以了。请安静地坐着，闭上双眼，想象自己像宇宙一样开放。想象你可以承受、包容一切，就像海洋能够承受浪涛、“收容”雨水一样。每呼吸一次，你都想象正把包容和爱吸入体内。过几分钟后，轻轻地回到现实，去找你的伴侣。请带着这种包容的心态去关注伴侣，完全地观察他（她），温柔地去留意。不要试图去左右你的体验，仅仅以一种开放的姿态去关注伴侣。

21

寻找美：发现美丽的时刻

你如果在这个世界上只剩下两毛钱，请用一毛钱来买面包，而用另一毛买朵百合花。

——中国谚语

有一对老年夫妇雪莉和瑞克，为他们的假期旅行做了计划，认为这将是人生中的最后一次度假。他们的经济并不宽裕，而且年事已高，因此要外出旅行很不容易。他们想去犹他州南部欣赏国家森林的美景。他们听很多朋友说，那里有雄伟的拱桥和壮丽而丰饶的土地。启程的日子临近了，雪莉心中对即将到来的旅行充满了好奇和感激。她静静地收拾行李，享受着准备的过程。而她丈夫的状态却截然不同，他成天为该带些什么、该走什么路线、每个地方该停留多久而担心。

这天，他们终于要出发了。雪莉很快地检查了家里的每个房间，然后把行李装上了车。她已经做好了一切准备,等待着瑞克。而瑞克却疯狂地、一次又一次地检查着他的各种清单，确保每件事情都有条不紊。他们原本计划一大早就出发，可是等到瑞克完成他的出行检查工作，已经是下午了。雪莉坐在车里，准备好了迎接旅行中可能发生的一切，而瑞克踩油门的时候还在急匆匆地抱怨——他们已经比计划晚了，必须把耽搁的时间补回来，只有这样才能好好享受他们的第一站。

在旅途中，雪莉平静地欣赏着沿途的风景，她注意到山顶的红沙和造型奇特的树木。不时有兔子窜过沙漠，或是有株仙人掌长在路边，她看到了都会欣喜地评论一番。她饱览了一路上的美景，她的度假从出发的那一刻就已经开始了。而瑞克则不同，他对于雪莉的评论只是敷衍支吾一声，而总是在评论他们将要看见的东西。可是，大部分的时候，他都盯着空空的路面，担忧着他们还有好几英里才能到达第一个目的地。他对自己说，到了那里，他就能休息一下了。

很可能在你一开始读这个故事的时候，就看出了里面的寓意。但有趣的是——这种事是真实存在的。事实上，他们在整个旅行中都保持着这种模式——雪莉可以在任何地方欣赏美景，而瑞克总能找到新的担忧。他无法看到当下的美丽，因为太过忙于等待未来的到来。也许你也认识某个像瑞克的人，或者，你和伴侣总赶着去寻找快乐，却忙得把此时此刻可以拥有的美好都遗忘了；也许你太过看重事情的结果，以至于忘记了享受过程。

过程，就是此时此刻正在发生的一切。现在

经历的每一刻都是值得享受的。你可以找到美丽的地方就是此地，而不是未来的某个时候或地点。美好就存在于路边的仙人掌、奔窜于沙漠的兔子之中，就存在于你意识到自己的所见、所闻、所感觉的时刻里。你的目标就是四处找寻这样的瞬间，从伴侣的微笑和步伐中，从他（她）的触摸中找寻,你能在任何地方找到它们。但最重要的是，如果记得运用正念，存在于当下，那么，美妙时刻会自己找上门。

【练习】发现美丽

请找回有关伴侣的甜美回忆。在回想的同时，去找寻那时伴侣身上的美。那是怎样的美？你最关注他（她）身上的什么？现在，和伴侣共度一段时光，发现他（她）今天的美。

22

淡定：不轻易发怒，任风暴来又去

不出户，知天下；不窥牖，见天道。

——老子

每个人的爱情都有不顺的时候，你可能会觉得伴侣做的事、说的话，甚至一举一动和长相都不对。许多时候，这些是与人相处的过程中不可避免的。感情的风暴来了又走了，这是正常现象。这些风暴有的很小，可能你还没有觉察到，就过去了，事后回想起来甚至还会发笑呢！

在马克和罗宾相爱不久后的一个早晨，马克

准备做法国吐司面包。罗宾喜欢在吐司面包里加超量的肉桂粉，马克同意为她这么做。可他认为的“超量”也许就是比正常的量再多一点点。结果，当罗宾拿到法国土司时，她感到十分失望，问马克是否放了“超量的”。马克有一点生气，粗鲁地说了一声“是的”。罗宾说：“哦，把肉桂粉递给我。”她想自己再多加一些。一场半严肃半搞笑的争吵就这样开始了，话题是：究竟应该在面包里加多少肉桂粉。“从来没有人在吐司里放那么多。”马克说。

“没关系，”罗宾说，“我就是喜欢放这么多。”

他们的争论就这样没完没了，持续了将近三十分钟。直到罗宾的妈妈从屋里跑出来呵斥他们停止，他们才停了下来。

这只是一场感情的小风波，但毕竟，这是一场风波。现在马克和罗宾回想起来，仍会嘻嘻哈哈地拿肉桂粉开彼此的玩笑。尽管他们都认为“肉桂粉事件”是一个小纠纷，但还是觉得对方很不可理喻，都在强调各自的正确，而不去感受和尊重对方的看法。他们更想证明一个观点，而不是去欣赏对方为爱情做出的贡献。如果来一场更大的感情风暴，这种态度就会让他们吃到苦头。

我有一对结婚两年的朋友，他们有一个姐姐患了重病，需要搬到家里合住，而他们家的房子很小。因为这场家庭变故，这对夫妇面临着一场巨大的感情风暴。他们就这件事发生了激烈的争论。他们找不到任何亲戚可以照顾姐姐，争论的话题大到家里的财政，小到谁该在忙完一天之后回家做饭、照顾生病的姐姐，以及在商店买东西。

幸运的是，姐姐最终搬去了一家可以提供长期护理的疗养院，我们的朋友才终于走出了这场风暴。不过，在此之前，他们已经经历了很多次争吵——这些无论是从眼前来看，还是从长远来看，都对他们的感情产生了影响。他们都觉得受到了伤害，觉得不被理解，都急于去搜集最有力的证据，证明自己的观点是正确的。因此，他们的感情很长时间才得到修复。即便是现在，好几年过去了，这场风波仍然是一个痛心的话题。这种感觉源于他们处在风暴中心时对待彼此的糟糕方式。当时两人怒火中烧，忍不住说了很多伤害对方的话，不停地中伤，不停地还击，而不是留心倾听。他们为此付出的代价就是持续不断地感受伤痛。

大大小小的感情风暴所带来的问题可能会让你心生厌恶，也可能会令你痛不欲生。无论是哪种情况，你都可以选择要么带着混乱与纠结的想法去承受，要么以一种平和的心态安然度过，这两个选择会带来截然不同的体验。想象一下，如果无论感情风暴是大是小，你都能处在风暴中心那个安静的地方，对慌乱和沮丧泰然处之，平安地度过，那是多么好的感觉啊！是的，我们知道这不会在一夜之间发生。如果你能不断练习感受当下，将受益匪浅，练习正念能够平息人生中大大小小的风暴。

你的目标就是，保持注意力集中，即便你的

周围惊涛骇浪。事实上，平静（calm）一词的最初含义就是，在正午阳光的炙烤下，万物宁静而平息的时刻。你也要注意到，这里需要的是行动，而不是某种不同的感觉。也就是说，发生争执时，你仍然可以觉得沮丧，但在这个时候所采取的行动是至关重要的，你的行动可以扭转局势。

【练习】你可以和伴侣做以下的练习：

◇ 带着理解去倾听对方。去倾听伴侣所说的话，而不是随时在他（她）说话的时候插嘴。

◇ 在说出任何可能激怒对方的言论之前，做几个深呼吸，充分注意你的每一个呼吸。

◇ 定期练习冥想。

◇ 留心从你口中说出的每一个词。有意识地让这些话语与你的价值观保持一致。

◇ 在做出回应之前保持耐心。选择你想要的回应方式，而不是让无意识的自动回应成为你的选择。

◇ 当你与伴侣展开对话时，想象你就是一片广阔而平静的湖水。让自己置身于这种平静之中，注意即便湖水表面受到风雨的侵扰，深处仍然保持着宁静。

这些运用正念的方法能够帮助你成为“风暴眼”，不让你被风暴卷走。不论你遇到的问题是肉桂粉还是生活环境的巨变，只要你和伴侣以一种保持正念的方式去面对，就能为自己留出空间，坦诚地按照你希望的方式，与对方进行有价值的交谈；你就能尊重彼此的差异，积极地处理问题。将来在回顾这场风暴时，你就会看到自己行动当中的智慧，而不是感到痛苦。

【练习】平静

静静地坐着，闭上双眼，用几分钟的时间来留意你听见的声音。注意到思绪的游离，并轻轻地把它带回来。感觉身体在椅子上的重量，释放你肌肉的紧张感。休息几分钟之后，想象温暖的阳光，想象它美丽的色彩。然后从那片温暖和光亮中摘取一小块，放入自己的心中，仿佛光就是从你的心中发射出来的。让自己在这份温暖和光亮中尽情放松和休息，留意你的感觉。在休息几分钟之后，请想象自己把这种放松和温暖的感觉通过行动带到感情风暴中。然后，请慢慢地睁开眼睛，回答下面的问题：感情风暴出现时，能采取和以前不同的方式来面对吗？还有其他的说话方式吗？你是否能做到，即便是风暴发生时，也能慢下性子，完全地只存在于风暴中心的宁静之中？

23

玩乐：像孩子一样玩起来

就是这样，就是我，就是你，就是他，就是她，就是现在，就此为止。

——詹姆斯·布洛顿 美国诗人

“玩乐（play）”一词的起源时，这个词的许多定义本身十分有趣，你可以自己体会：参与运动或娱乐活动，嬉戏玩闹，进行轻松的运动，在活动中洒脱自如，采取可以引发好感的一系列行动。这些意思加在一起，给了人们一种生机勃勃之感，传达了愉快体验的本质。

对于处在爱情中的人来说，玩乐的方式可以多种多样：有的会以彼此冷嘲热讽为乐，有的则会以肢体上打打闹闹为乐，有的会喜欢一起参加某些活动，而有的则会躺在床上为肚子里发出的声音呵呵傻笑。所有这些乐趣都来自于玩耍，来自于享受爱情中的无穷乐趣。玩乐的一个重大特点在于，你在嬉戏打闹的时候，根本不需要努力练习活在当下，因为自然而然就能做到。玩乐将你与此时此刻正在发生的事情紧紧联系在了一起，对明天的担忧、昨天的忧虑都已被此刻感受到的真实欢愉所取代。

请记得保持这种玩乐的状态。一天当中，我们有太多时间都过得平淡无奇，都表现得太过严肃认真，以至于忘记了享受快乐。一旦爱情中缺少了玩乐，无聊就会乘虚而入，侵蚀掉一切。

有时候，玩乐不过就是放下手头的琐事，给自己留出一个空间。没完成的家务事可以丢到明天去做；草坪可以等一等再修剪（或者你可以花点钱请邻居家的孩子来做）；捡起玩具吧；去海边、郊外，尝试一家全新的餐馆或是去公园踢球吧！任何能为爱情增添欢乐的事情，你们都尽情地去做吧！亚伯拉罕·林肯曾说过：“重要的终究不是人生中的岁月，而是你岁月中的人生。”当然，有时候你不得不花点儿工夫，去主动找寻乐趣。你总得做点什么，才能激发起那些好感。

罗宾和三个兄弟一起长大，因此在童年时，她习惯了和兄弟们一起摸爬滚打，她时常和兄弟们开心地扭打成一团（有时候会打得没完没了）。玩拳击比赛或恶作剧对他们来说也是家常便饭。因此，在她结婚之后，也把这种有趣的游戏带到了爱情生活中。可她的丈夫马克是一个武术家，对他来说，玩只是一种有趣的学习过程。有一天，罗宾开玩笑地和马克打拳击，她心情轻松，嘴里还制造出各种拳击的声音特效。而马克笑着运了运气，聚集全身能量，朝罗宾的肩上就是一拳——他以为那只是轻轻一击，可是对于罗宾来说，那一拳却出乎意料的重，简直要了她的命，顿时她的脸上笑容全无。马克立刻向她道歉。从那以后，罗宾打算好好地教一教马克应该怎么玩。她告诉马克，他并不用聚集全身的力量，只要嘴里发出完美的声音特效，然后每一“拳”都轻轻地出手就好了。现在，你也许能想象出这样一组连环画了，上面的对话框里写着“哦！”“噗哧！”“砰！”“啪！”……这就是现在马克和罗宾以拳击为乐的真实场景。

有时候，要想获得乐趣，只需要敞开心胸，随时抓住机会，嘲笑自己，嘲笑伴侣，嘲笑世界。你只需要让自己变得又傻又笨、荒诞不经，然后跟随那些怪诞的念头，关闭你那敏感的神经。所以，勇敢地去迎接那些窘境和挑战吧！你将因此而对你们共同建立的情感关系一直保持热情。

【练习】玩耍

嬉戏玩乐吧！现在就去！今天就读到这儿了，玩儿去吧！

24

心流：与伴侣体验当下巅峰

且夫乘物以游心，托不得已以养中，至矣。

——庄子

“跟随心流[1]”通常是指让自己顺应正在发生的事件，而不是试图去干涉它。我们都可能在进行某项活动时，曾经感受过这种召唤，通过跟随心流来放松自我。这种方式在爱情中也相当奏效，

① 心流（flow）：心理学家米哈伊·森特米哈伊将其定义为一种将个人精神力完全投注在某种活动上的感觉。心流的产生同时会伴有高度的兴奋及充实感。

会让你们无论是在假期、家庭聚会或平凡的夜晚，都过得很平静、无忧无虑。希望你们能坚持这方面的练习，使情感关系远离分歧和麻烦的侵扰。

我们还会用到的一种说法，叫作“安住心流”（being in the flow），这时常和巅峰体验有关。“安住心流”是一种正念，目标也是完全活在当下。比如，运动员们把“安住心流”看作是参与运动的最高境界，他们能将对失误的忧虑抛在脑后，完全沉浸在运动的纯粹体验当中。

当你“安住心流”时，就会觉得自己仿佛与当下融为了一体，所有行动都毫不费力，轻而易举，你会感到一切能量都自发地联合了起来。进行运动时，你会深切地感受到那个持球进攻的人、迎面抢球的人或是所在的球场。当你把自己的孤立感丢弃时，就会产生一种深层的关注和觉察。这种感觉并不一定与体育运动有关。比如，当一个母亲正搂着初生的孩子，疼爱地轻轻摇晃，深情地注视着孩子时，她的注意力和行动完全集中起来，好像她和孩子已经融为了一体。此时，她正在传达一种深厚的爱意和关怀。

这感觉听起来棒极了，不是吗？可是，如果它不能自然地发生在你的身上，要如何去获得它呢？一个人对于某件正在发生的事情产生的感受往往是毫无征兆、突如其来的，这个过程总是保留着一些神秘感。我们都曾猝不及防地体验过这种心流出现的时刻。但愿你与伴侣能够时常遇到这样的体验，希望这种体验能经常造访你们的爱情。

不过你可能会问，有没有可能掌控这种“安住心流”的高峰体验，让它不要总是突然降临，又突然溜走呢？我们认为这是可以做到的，要做到这一点，可以说既容易又困难。容易是因为你只需要简简单单地活在当下就行，而困难在于需要有足够强烈的愿望。你必须愿意去体验当下的任何情绪，不论是积极的还是消极的，还必须愿意放走脑子里的各种想法——它们可能是拦路虎。我们来看一看下面这个例子：梅根要出差去夏威夷，这对她来说，是一个拓展视野的绝好机会，而且还可以带上男朋友一起，可以算作是一次小小的度假。男朋友加里对此也很兴奋。在出差的第一天，梅根开了一整天的会，所以没事做的加里打算独自到海滩边逛一逛。在他出发前，梅根温柔地提醒他擦防晒霜，她说自己曾被太阳晒伤过，结果整个旅行都被毁了。而有着漂亮橄榄色皮肤的加里很快地回应道："我根本不用担心这个。"梅根还是好心地劝他无论如何都尽量注意一点。

那个午后，他们在房间见面了。加里刚从海边回来，看起来玩得很开心。可是，当他们谈论晚上的安排时，加里开玩笑地说好像晒太阳晒多了。后来梅根发现，他显然不是在开玩笑。她坚持让他脱下衬衣，要检查一下。加里嘀咕了几句，最后把衬衣脱了下来，露出了被晒得像龙虾壳一样的皮肤。坐在床边的他无法再隐藏自己的疼痛，向梅根坦白说觉得身体很不舒服，哪儿都不能去了。梅根简直气疯了。这个时候，她本来可以大声说“我之前警告过你的”，并开始抱怨度假就这么被毁了，而加里也可能会严词反驳，大叫着：“你知道我从来没有遇到过这种情况，从来没有被晒伤过！”那么，一个糟糕混乱的夜晚就要开始了。但是加里做了一个艰难的决定，他说：“我们尝试采取点措施，任何措施，看看情况会如何。我无法保证什么，但是我想继续度假计划。”他的坦率态度转变了梅根，尽管她仍然很生气（而且压抑不住情绪，一遍遍地强调着任何肤质都有必要擦防晒霜），还是同意了加里的提议。

他们坐上租来的车，漫无目的地开了起来。就在这一刻，最重要的事情发生了：梅根决定放弃自己关于擦防晒霜的正确看法，而加里选择了甘愿忍受身体的疼痛。他们都渴望与夏威夷的美丽风光融为一体。他们把车停在了离海边有点远的地方，那里已经变得阴凉，因为太阳已经被山挡住了。然后，他们下了水，接着，体验到了纯粹的“心流”。他们开始在水中游动着，拍打着浪花。

两人被巨大的海浪冲得喘不过气，然后为自己在水中的踉跄和难堪而发笑。他们时而会抱在一起激吻，时而会看着彼此在水中嬉闹。一阵海浪把加里冲向沙滩时，他哈哈大笑起来，即使他的皮肤疼得更加厉害了，他大喊着：“我能忍得住！”而梅根一边忍不住发笑，一边还假装生气地把目光转向别处。他们被美好的风景围绕着，自己就是最美的风景——他们的精力不再专注于过去或将来，而是专注于大海，专注于彼此。

梅根和加里把海边的时光说成是那次旅行中最美好的部分。那时，他们愿意抛开一切，全身心地体验当下。当然，如果他们不那样做，可以预见会出现截然不同的结果。问题是，你和伴侣想要创造哪种体验呢？意识到自己的情绪和想法，你们将有机会体验心流，选择去做当下对你们最重要的事情。

【练习】体验心流

和伴侣来一场正念的散步，让自己完全沉浸在散步体验的心流之中。倾听周围的声音，包括伴侣的呼吸声。完全存在于你所感受到的当下。感觉你的双脚与地面的接触，感受清风拂过脸颊，体会两人牵手的感觉。注意时光的流逝，以及太阳或月亮在天空中的位置。关注伴侣并感受你们之间的情感联系。

Shifting Your Perspective

Chapter 6

亲密关系第五步：转变你的视角

25

共感：跳到对方的位置看世界

只要我们愿意，欢笑和泪水就会教我们如何心生共鸣，同情能把我们带入他人的灵魂和心灵深处。

——弗里茨·威廉姆斯

“共感”（empathy）一词来源于希腊语“empatheia”，意思是“激情”（passion）。如果进一步分析，“en”的意思是“在……里面”（in），“pathos”的意思是“感觉”（feeling），因而，共感的意思就是感觉到激情，更具体地说，就是感觉到对另一个人的激情，也就是一种能够强烈地体会到他人内在思想和感受的能力。这种能力对爱情有着强大的作用，它能让一方尽可能真切地理解到另一方的感受。如果缺乏共感能力，亲密关系就会出大问题。

格雷格和杰西一见钟情，他们相处得十分愉快，很快就打算结婚。他们都快四十岁了，原本担心自己再也遇不到那个梦中情人了，因此为彼此的一见钟情感到尤为开心。可是他们的境遇突然发生了巨大的转变：格雷格在常规身体检查中被查出患有淋巴癌，需要立刻接受手术、化疗和放疗。杰西也对这个诊断结果以及可能带来的灾难感到害怕，但她下定决心，全力支持格雷格，和他一起与病魔抗争，陪他面对一切挑战。于是，在格雷格接受手术的几个星期里，他们的关系更加亲密了。

格雷格的治疗需要六个月左右的时间。可是，就在治疗刚开始几个星期的时候，与杰西关系很好的妹妹吉妮也病倒了。不幸的是，医生难以诊断吉妮的病症，只能推测出她的病可能与近期的一场墨西哥之旅有关。吉妮的病情迅速恶化，以至于生活几乎无法自理，于是杰西被家人叫了回去，帮忙照顾妹妹。格雷格知道，杰西现在不得不把时间分给他和吉妮两个人。

后来，格雷格在一次次的化疗中变得非常虚弱，而杰西却奔忙于两个病人之间，希望能把他们都照顾好。随着时间的推移，杰西和格雷格对彼此的怨气越来越大，同情渐渐被消磨，格雷格要求杰西给予更多关怀、时间和支持，他想要安排他们的婚礼，即便是在如此混乱不堪的情况下。精疲力竭的杰西只想得到更多的时间休息，恢复体力。她只能勉强度日，根本无暇去思考未来。就这样，这对恋人之间开始争吵不断，他们都觉得自己不被理解，孤独无助。

杰西和妹妹在一起时，就会抱怨格雷格。她也为自己不停的抱怨感到内疚，但就是忍不住。

她意识到自己非常害怕失去两个至爱的人。她发现自己与格雷格的关系变得越来越疏远，于是想要结束这段感情。与此同时，格雷格开始痛恨吉妮，并怀疑杰西对自己的爱。他觉得和吉妮相比自己显然是次要的，还情不自禁地想，如何让杰西在妹妹和他之间选择他。

这对恋人丧失了强烈感知彼此内心世界的能力，他们都困在了各自的想法和感觉里，无法从对方的视角去看待问题，他们的爱情也处在崩溃边缘。后来，一个偶然的机会，格雷格参加了一个为癌症患者举行的会议。会上有一个患者分享了他对癌症的恐惧体验，以及这种恐惧是如何阻碍了他与别人的真诚相处的，是恐惧蒙蔽了双眼，让他看不到癌症对自己以及家人带来的冲击。于是，他选择独处一段时间，认真地想象如果妻子或兄弟也得了癌症，会是何种情形。后来，他终于体会到了人对失去的恐惧，理解了双方不愿意面对痛苦的想法。

格雷格决定也像这位癌症患者那样去做。他花了一些时间独处，让自己真切地想象杰西的体验——两个她深爱的人都在忍受着病痛的煎熬。他终于意识到，杰西一定在承受着巨大的恐惧和疲惫。他清楚地意识到杰西并不自私，并不只偏爱自己的妹妹吉妮。他开始理解恐惧让他无法体会杰西的感受。于是，他选择了独自承受对未来的恐惧，让杰西休息。

第二天，他告诉了杰西自己的这番体验。他的倾诉产生了两个积极效果：这帮助杰西更好地理解了自己，也帮助杰西从她的恐惧和疲惫中解脱了出来，在他的怀里痛快地哭了一场。这种感受他人内心世界的能力让一切都变得不同了。一年后，杰西和格雷格结婚了，吉妮也出现在婚礼的现场，她被诊断出感染了墨西哥的一种罕见细菌，当时仍在恢复中。

杰西和格雷格的故事是一个生动的例子，反映出人们是多么容易迷失在自己的想法和感觉中，都觉得自己的抱怨和愤怒很有理，而且总是没错。可是，从自己的角度去看问题时，行为很可能会违背我们真正的价值观，那就是人与人之间的情感联系和关爱。这样，我们就会面临着与伴侣失去情感联系的危险。

我们完全有能力建立共感。我们可以像格雷格那样，寻找一个合适的时机，设身处地为伴侣着想，想象他（她）的情绪和想法、纠结和恐惧。关注你渴望被理解的心情，看看你是否能想象，伴侣也有着与你相同的渴望。建立共感的第二步在于，你要把伴侣看成是一个完整的个体。作为一个人，他（她）有着过去、想法、感情和知觉，有着恐惧、愉悦、烦恼和梦想。和你一样，他（她）比当下展现在你面前的那个人更复杂深刻。意识和认识到每个人都是情感和思想的体验者，我们就能够实现共感，并以有力而且有意义的方式增进亲密关系。

【练习】共感

回想伴侣生气的时候。现在，从伴侣的角度去想一想。想象自己就是他（她），想象他（她）可能产生的想法和感觉。试着设身处地从对方的角度出发，你注意到了什么？你会赞成什么，反对什么？觉得自己有理吗？你会要求什么？现在，从伴侣的角度跳出来，看看和练习之前相比，你对这件事的感受有没有发生什么变化。

26

成长：获得持续成长的能力

终于到了那一刻，缩在花蓓蕾里的

风险比顶风绽放的风险更大，更痛苦。

——阿娜伊斯·宁 女性日记小说家

当你的认知和世界观发生了巨大的改变（或只是一些很小的改变）时，人们通常会认为你经历了成长，看待人生的视角发生了转变，对事物有了更深层次的理解。大多数时候，这种成长是由外部世界的标准来衡量的。而现在，我们希望你能把视角旋转一百八十度，观察内部的成长，也就是说，观察各种内心体验的发展。随着生命的延续，你会察觉到各种各样、越来越多的体验和记忆，因此，你会产生复杂多样的想法。你从前很单一的情绪会变得混乱而棘手。那么，这些体验都存放于什么地方呢？我们认为，它们存在于一个无限延伸的情境之中，这个情境就是——你自己。

你正是那个拥有这些体验的人，此时此刻也正感受着某种体验。从这种意义上说，你就是承载并表现所有体验的地方。随着岁月的流逝，你在逐渐成长，并持续积累你的体验。你能够容下所有这一切。想一想所拥有的记忆，所感受过的全部情绪，思考你的想法是如何改变的，现在的你是否比从前获得了更多知识。你拥有的体验是无穷无尽的，因此，你也是无穷尽的。如果你能活到九十岁或两百岁，仍然可以继续开发自己，仍能承载所有的体验。这种成长和能力的妙处在于，我们有如此多的体验空间，即便是遇到最难的困扰，我们也能容得下。无论是痛苦还是欢乐，在这里都有容身之处。

我们的文化存在一个问题，就是时常一味地要求我们要积极——感觉要好，思想要好，品行也要好，还要求我们尽可能地减少痛苦的体验，只迎接好的东西。这些都是值得深思的：真的只有好的一面吗？试想一下，你有感受疼痛的能力，也许这并不是什么可怕的事。想象一下，如果从来都不知道疼痛，那会怎样？听起来不错，不是吗？但是如果你从来都没有体会过，就错过了许多给生命注入活力的东西，当有人离开你的世界时，你就不会想念他们；当亲友去世时，你就不会感到哀伤。因此，你很可能根本不屑于与别人建立关系，不屑于恋爱结婚。疼痛并不是我们的敌人，事实上，是它向我们展示了人生中什么是重要的。我们有能力去感受这些情绪，同样也有能力去感受现在和将来要遇到的其他体验。

这对于爱情来说是一个特大的好消息，这意

味着你和伴侣能够体验人类所有的各种情感，无论是好的情感，还是所谓的坏的情感。你们拥有无限的空间——你们自己，可以收纳一切，无论你们的经历是艰难的还是容易的，全看你们自己。

让我们进一步来看这意味着什么。这并不是说你要主动去接受任何痛苦的事。我们绝不希望你去忍受充满暴力的情感关系，给这样的体验留出空间；也不希望你在爱情中体验到的只有痛苦，别无其他。你不必使用这个容量去接受所有糟糕的情况。事实上，我们的意思是，因为你选择了自己的价值观，所以你有能力接受某些特定的想法和感觉；并且，有能力接受伴侣的痛苦和情感。

当你们意识到所有体验都可与伴侣分享时，这种独特的成长方式就展现出其美妙之处，每个人的人生都将得到拓展，共同成长，你们所有的共同经历也为各自所有。当你和伴侣面对困难时，携手奋斗是很有好处的。你们将能够经受得住这些困苦，即使它们会卷土重来，知道这一点很让人欣慰。要记住，你们有这个能力！

简很喜欢和家人一起过圣诞节，可是她的丈夫克雷格却恰恰相反，他宁愿待在家里。简并不常去看望家人，所以他们通常商量之后就会决定前往。克雷格觉得简的家人很麻烦，他们总希望他俩能在短暂的来访期间一刻不停地和大家交谈，克雷格对此感到十分沮丧，会生气地抱怨被简拽来参加这个糟糕的家庭聚会。简也因此感到很不开心，探亲往往变得让人痛苦。

他们后来获得了一种更宽广的自我感知。他俩都认为这种状态是一种挑战，与其沉浸在沮丧中，对彼此提要求，不如选择接受对方和自己的那些体验。克雷格接受了简拜访她家人的愿望和需求，而简也接受了克雷格不愿时刻和她家人在一起的想法。现在，在他们的探亲期间，简知道克雷格需要一些自己的空间。她曾为此感到焦虑，因为这很难向她的家人解释。然而，她最终认识到了这种焦虑，并欣然接受，因为这不妨碍她与家人在一起。探亲期间，妻子不能时常陪他，对此，克雷格也可以接受。当他因简的家人的不理解而感到难过时，也尽力去接受这种不舒服的心情。通过接受各个方面的复杂体验，他们大大地减轻了自己在探亲期间感到的困苦纠结。

我们希望你能时常来到内心这个成长之地，与它保持联系，认识到你们每个人都具备一种“永恒”的思考、感受和感知能力——接受你所有体验的能力。

【练习】内心成长

用一些时间来关注你在体验中持续成长的能力。静静地坐着，观察你的呼吸。几分钟过后，请将你的注意力转移到内心，看看是否能与那个广阔无垠的自己取得联系。回顾你的记忆，注意它们是如何延伸到过去的，又是如何随着你年龄的增长而不断被创造出来的。注意到你人生中的几百万个想法，在接下来的每分钟里，你又是如何继续生成更多想法的。请注意你的情绪，你永远有着体验情绪的能力，也请注意你和伴侣都有这种能力。请在这种广阔的感觉之中沉浸一段时间，然后再回到现实中。

27

神圣空间：发现和欣赏那个神秘空间

神圣空间，就是那个你能一次次找到自己的地方。

——约瑟夫·坎贝尔 神话学家

你体验过自己与另一个人，以及整个世界完全连接的感觉吗？你有过内心充满同情、几乎能够去爱任何人的感觉吗？有的人也许会把这种感觉描述成平静温柔的时刻。而另一些人说，这种感觉就是意识到自己比世界更大，但仍然与世界息息相关。这些时刻都是十分罕见的，难以捉摸，尤其是当你刻意去寻找时，更是踪迹难寻。

对此，我们要思考的第一个问题是，这些时刻从何而来？我们认为它们来自于一种广阔的自我感知能力，你可以体会到这些时刻的出现，但又能超越这些时刻本身。在第一章中，我们把这种深远的感知能力称作情境自我（self as context）。某种程度上，我们可以称之为神圣的空间。也就是说，只要我们活着，它就是人生体验的专属空间。“神圣的（sacred）”这个词的真正含义是“划分”。这是一个被划分出来的空间，是语言无法企及、无法描述的，因为它包含了语言，却又不仅仅是语言。它被分离出来，是因为它不是情绪，却能帮你感受情绪；它不是记忆，却是记忆发生的一个空间。只有当我们观察自己人生历程中每时每刻的体验时，这个被分离出的空间才能被捕捉到。这个神圣的空间就是存在（being）。

当我们与存在相连时，就超越了自己的理智，能够更为真实地投入到生活和爱情中。这时，我们都完全从评判中解脱了出来，不再受制于头脑的审查和困扰，能更加开放地与世界和所爱的人去交流；我们的许多行为，无论是列清单、组织活动、制定计划、发明创造还是讨论问题、讲故事，都原原本本地被看作是——思考；我们将能自由地与内心相接，而不是理智。

通过理智来与他人互动是不可避免的，而且，我们大多数时候都是这么做的。遗憾的是，如果在交谈中一贯如此，我们就无法听到内心做出的清晰而简单的选择。当我们简单地跟随内心真正的价值观并实现它时，情感关系将充满仁慈，我们就能一点点地营造出亲密感。

我们关心的第二个问题是，是否有办法走进这一圣地呢？不妨试着给自己一个肯定的答案。记住我们曾说的，刻意追寻它很可能让我们无法靠近。如果你试图强行找到那个地方，将会失去它，因为强求的存在并不是真正的存在。其实，存在是一个觉察和领悟的过程，在这个过程中，我们将慢慢认识到，自我比理智和思想更为高远，它可以觉察到各种体验。

练习正念和冥想，觉察当下，这些都是能够帮助你到达那个神圣空间的方法。当我们与存在相连，同时也体察到他人的存在时，我们就能与伴侣形成一种稳定的联系，就能对伴侣保有深层的欣赏，包括他（她）的神圣空间。

【练习】尊重神圣空间

静静地坐着，留心你的呼吸，这样持续一段时间。然后，想象你正站在一片无限延伸的美丽田野上。广阔的田野一望无垠，它是那么宁静，那么生机勃勃。绿草和鲜花在微风中轻轻摇摆，蜜蜂在它们周围懒懒地飞来飞去。想象着这片田野是神圣不可侵犯的，因为你把它奉为圣地。让自己置身于这片神圣的空间中，尽情地放松，让自己与这片神圣不可侵犯的圣地相连接，仿佛它就是你。

当你能够与这种宽广的体验、这片自我的神圣田野融为一体时，你在情感关系中注意到了什么？要如何从这个圣地出发，与伴侣建立关系呢？

28

存在：停止评判，用心体验

我勇敢地让自己变得有力量，并跟从意愿使用这股力量，此时，我是否害怕就变得越来越不重要了。

——奥德利·罗德 美国作家

正是有了我们存在的情境，才有了生活的内容。在本章中，我们来探究一下其中的含义。比如，存在意味着我们无须受到思想、感情、角色或记忆的束缚。自我比所有这些都更加宽广，这种更广义上的完整存在，可以让我们通过许多途径与外界互动。

然而，我们很难自发地这样做，而通常会被困于一些相对限制的角色之中。比如，拉吉和萨拉就是这样，他们在情感关系中都各自扮演着特定的角色。萨拉扮演一个有责任心的妻子和母亲，她负责及时缴纳账单，把家里布置得井井有条，定期去商场购物，此外，她还会确保把家务事安排得非常有序。而拉吉扮演的角色则是一个贪玩的家伙，他总是会把今天要做的事拖到明天。他们以这样的角色相处，大部分时候都相安无事。可是，一旦萨拉抱怨拉吉没有责任心，争吵就开始上演。拉吉会指责萨拉企图要改变他本来的样子，害怕萨拉会偷走他爱玩的天性，会改变他的自我认识。他们都没有意识到自己是谁，而太沉浸于自己的角色之中，以至于无法认识到一个更宽广的存在——超出这些角色之外的自我。

如果这对夫妇认识到他们是在扮演某种角色，他们就能够选择以不同的方式相处。能够选择从情境自我出发，而不是从话语的内容（或是角色定位）出发，这是一种能力，从一个更广阔的视角指明了存在的力量。想象一下：如果拉吉和萨拉决定有意识地夸大各自的角色，会出现什么情况？拉吉会表现得像一个淘气的小男孩，对别人要求的任何事情都不加理会，而萨拉则会把每件事情都当成自己的责任，把拉吉当成一个小男孩般去娇惯。如果他们认识到双方都可以选择更加设身处地想问题，那么也就会了解到他们可以跳出自己的角色。这个发现将带来许多新的可能，将解放自己，去扮演各种新的角色，而不会丢掉他们的真实存在——一个不限于任何特定角色的体验者，这也就使他们能够增进情感交流，减少摩擦和厌恶。

这种转变不单单发生在角色上，还发生在其他方面。比如，我们不知不觉评判伴侣时，这种转变就会发挥作用。大部分人都希望减少对他人的评头论足，但仍然发现自己在无意中变得苛刻，尤其是在与爱人相处时。我们可能认为伴侣很迟钝或者脾气很坏，可能会批评他（她）太苛刻，或对事物漠不关心。重要的是，我们要认识到那个更广阔的视角。如果我们认识到自己会评论他人，同时他人也会评论我们，而且所有这些评论会出现也会消失，那么就能为自己创造空间，让那些评论远去。我们采用这种更广阔视角，把自己看作主动的体验者，而不是被动的体验客体，这会影响到我们与当下的情绪、记忆和感知的关系。我们可以停顿足够长的时间，去意识到每个体验都是发生在一个情境之中的。这个情境是完整而坚固的。从这个角度来说，我们可以处在自己生活的中心，同时与伴侣的中心相通。

【练习】“存在”

选择一个你在情感关系中经常扮演的角色，然后向自己描述这个角色，在想象中把这个角色尽量夸大。假装你进入了这个角色，正在舞台上全情投入地表演。然后选择另一个角色，重复这样做。注意你是如何在进入和跳出这些角色的同时保持不变的自我，你正是那个扮演角色的人。更广阔的自我想在情感关系中得到什么？这样的你为建立良好的情感关系带来了什么样的力量？

29

开悟：不是改变彼此，而是接受改变

曲则全，枉则正，洼则盈，敝则新。

少则得，多则惑。是以圣人抱一为天下式。

——老子

啊哈！开悟，那是一个多么神圣的境界！到达这个境界，人就超越了一切欲望和痛苦。正如以开悟为目标的灵魂之旅在召唤每个人保持开放的心胸、冲破头脑的束缚一样，爱情也在召唤夫妻或情侣们保持开放的心胸，超越头脑的挑战。这条发现和邀请之路始于自我——每个时刻都充满生命活力的自我。

在这一旅程中，你需要开拓伴侣心中的爱，这与改变对方有着很重要的区别。有时候，爱情中的一方或双方都固执地要改变彼此，于是他们之间的关系就变成了力图改造对方。听听他们的对话内容吧，有一方会说“我希望你能……”，这个“希望”可能反映出他（她）喜欢更善于思考、更友善、更温柔或者更真诚的品质，也可能反映出他（她）不喜欢一些品质，比如“我希望他不要这么拒人千里”或“我希望她不要总是滔滔不绝”。如果你进一步去思考这些话的含义，就会发现真正意思其实是“当你是另一个人的时候，我才会爱你”。比如，“当你更温柔、更真诚的时候我才爱你”或者“当你不唠叨的时候，我才爱你”。这种坚持改变对方的姿态会伤害到你们的感情，尤其是当这种改变涉及伴侣的本性时。

刚恋爱的时候，戴安娜想让迭戈不要开那么多玩笑。而迭戈是个特立独行的人，很喜欢恶作剧和讲笑话。戴安娜觉得他的这些行为很幼稚，每当迭戈故技重演时，她就会拉长脸，气呼呼地把双手抱在胸前，即便他的笑话并不是针对她的。戴安娜企图用生气表现来控制迭戈，因为她无法完全地接受对方。

如果我们把超然存在（transcendence）带入情感关系中，我们就会接受伴侣本来的样子——包括他（她）身上的一切缺点和怪癖，一切错误和特质。我们也会接受伴侣身上所有闪光的、美好的特质。在这个案例中，我们可能会问戴安娜是否愿意把迭戈看成一个完整的人，而不是专注于他身上某一个看起来很讨厌的特质。我们建议她重新审视那些看上去好的特质，比如，她想嫁给一个有社交手腕的人，可以带这个人去参加派对，不用担心他会有出格的表现。同时，她又想和一个有魅力的男人恋爱，这个人永远不会看起来像笨蛋。然后，她遇见了迭戈，爱上了他。可是，她坚信自己能够改变他的愚蠢举止，把他变成那个理想的人。但是，这个理想中的人已经不再是迭戈了。起初，戴安娜抱起手臂、拉下脸时，迭戈会感到羞耻。后来，有时候他会离开房间，也有时候，他会试图开更多的玩笑，结果把情况弄得更糟糕。

他们情感关系中的大多数问题都发生在迭戈生气并退缩的时候（但这不是他的错）。

纵容自己以伴侣的期待来与之交流，无异于放弃自己的选择权，我们的偏好将会自作主张地选择我们与伴侣相处的方式。在这种情况下，要认识到偏好的本来面目，然后温柔地与它们吻别，这就是我们所说的开悟。如果我们放开对伴侣的预设观念，我们就能自由地去爱他（她）本来的样子，而这样的爱更质朴，更富有同情心。

情感关系中的超然境界也会启发我们对“变化”的看法。我们在爱情的发展过程中会经历成百上千次的变化，也不可避免地会有所失去，并获得成长。如果我们不愿接受这些失去或成长，受困于此，停滞不前，爱情就会枯萎。

戴尔喜欢在周日和妻子桑德拉一起徒步旅行，他们都很珍惜在家附近的小山坡上散步的美好时光。可是后来桑德拉骑车发生了事故，伤到了膝盖，无法去徒步了。但她很重视与戴尔一起度过的时光，于是想找一项活动替代徒步旅行。然而，戴尔坚持要进行户外运动，不愿意改变，所以，桑德拉就在当地医院申请成为志愿者，每当星期日戴尔去徒步旅行时，桑德拉就会去医院工作。

独自徒步的第一天，戴尔很怀念他们曾经在一起的体验，于是暗自盘算如何把妻子劝回来再次和他同行。他估算了途中停歇的次数，考虑如果她感到太疼了，自己要说什么话来为她加油。那天晚上，戴尔向桑德拉提出了这个绝妙的主意，可是桑德拉的回答却是："我不去，谢谢！"她居然不想参与全新计划，这简直令人难以置信。桑德拉很喜欢志愿者工作，决意要在接下来的三个月中继续做下去。她告诉戴尔，自己已经找到了另一个有意义的活动。

在这个例子中，戴尔悟到的是，他要放弃自己对事物一成不变的喜好，心胸开阔敢于接受变化和失去。戴尔本来很讨厌桑德拉的志愿者工作，觉得自己在星期日被撇在了一边。然而，他最终学会了放弃，不再强求桑德拉一起出行，他怀着包容心和爱心，全力支持妻子的新活动，同时，也继续在徒步旅行中自得其乐。

要放弃依恋，加深伴侣关系中的爱意，你们需要认识到并愿意去体验其中的一切因素。这意味着你会为伴侣的缺陷而感到焦虑，会为失去和变化而感到痛苦，即便如此，你仍一如既往地选择去爱。当你超越了自己的想法和感受时，你就能选择采取更多行动去爱你的伴侣。

【练习】开悟

举出你的一个偏好，比如，你希望伴

侣成为什么样的人，或是你希望他（她）做出的改变。然后，请闭上眼睛，想象你的这个偏好。它是什么样子？你赞成和支持它的哪方面？你需要花些时间思考它的形象和它给你留下的印象，然后想象你正和这个形象并肩站在你家门口。给这个形象的一个吻别吧，或是跟它握握手，想象它走出了你的家门，让偏好远走高飞吧！

30

完整自我：我爱你的完整，不是你的完美

这边风景独好，因为此刻我感到生命属于自己！

——迈克尔·P·安德森 宇航员

当我们完全相信自己的想法时，就会发生一个重要的改变，我们会觉得与自己的想法融为了一体。我们会认为头脑中的语言就是真实的自我。比如，如果认为自己一无是处，就会不自觉地确信自己是毫无价值的，你也会采取与这种想法一致的行动（比如，因为害怕被拒绝而主动放弃一

段感情，或认为你只有对朋友们有用，他们才会喜欢你）。如此，这种认为自己一无是处的想法就成了问题所在。貌似你应该立刻把它处理掉，认可自己，认识到自己事实上并不是一无是处。而实际上，这样一来问题就变得更加棘手了。要努力证明自己不是一无是处的，就必须先相信“我是有价值的”这个想法。除此之外，还有什么能造成这种反差，让你为之努力奋斗呢？最终相信你自己是有价值的根本无法解决问题，因为矛盾会一直循环下去。

现在，假设你有另一个办法。想象自己是一个宇宙，你的所有思想，包括认为自己一无是处的想法，都是宇宙中的繁星。宇宙容纳着星星，但这些星星并不能完全诠释宇宙的含义。同样的，你的头脑中容纳着各种想法，但这些想法并不能完全代表你。“我一无是处”的想法只是一组有着特定意思的词语。“我一无是处”和“我很有价值”一样，只是想法而已。能否把那些想法都简单地看作它们本身呢？它们只是想法而已。这个道理对于情绪、感知和记忆也同样适用，这些体验也像是宇宙中的点点繁星。

这个宇宙比想法和情感更宽广，包容着满天繁星，它并不是分裂的。它是完整的——和你一样。你是一个完整的存在，体验着各种思想、情感和知觉。你不是被动的体验客体，而是一个主动的体验者。“完整”一词意指处于完美的状态下。即便是有某一颗或几颗星星说“一无是处”，你也仍然处在完美的状态下。

现在，想象一下你就是这个宇宙，容纳着这些思想和感觉，这时，你遇到了另一个宇宙，他（她）容纳着另一些思想和感觉。你可以作为一个完整的个体与这个人建立关系，同时也认识到他（她）的完整性，对方也会用同样的方式来回应。这样，你们俩就能够礼尚往来，对彼此产生深厚的好感。如果你能用看待自己的方式来看待他人，就是把他人也看作是完整无缺的（没有受到“坏”想法或痛苦情感的折磨），那么你就做到了对别人真正意义上的接受。

戴娜很看重她与托德之间的感情。然而，她默默地承受着内心的隐痛，因为她在小时候曾遭受过虐待，觉得自己是糟糕的、不完整的。这种颓废感阻碍她在托德面前做她自己，因为她不相信托德会接受她原本的样子。于是，她强颜欢笑，试图掩盖自己的伤痛，而这往往导致“过度补偿”（指为克服自卑等心理而出现的过度反应）的问题。她夸口说完成任务的速度比别人都快，炫耀自己的工作质量，她以为这会给别人留下好印象。尽管托德很喜欢戴娜，但是对她的傲气大失所望，最终结束了这段恋情。于是，她的颓废感刚好被进一步强化了。她决定下一次要更加努力地证明自己的价值。这是可以预见的，总有一天戴娜会发现自己身上的这种恶性循环。

在童年时期，戴娜形成了“自己不完整”的想法。后来，这个简单的想法控制了她的人生。

事实上这场与不完整自我之间的战斗让她越发无法逃离童年的阴影。现在，如果戴娜永远也不能摆脱“自己不完整”的想法——自吹自擂也是无济于事的，也许她可以试着与自己的想法建立一种新的关系。如果戴娜能够视其为一个简单的想法，别无其他，会怎么样呢？允许这个想法的存在，静静地观察，不再努力把它赶走。如果她比这个想法更加宽广——那么想法只不过是亿万颗星星当中的一颗，她就能摆脱这场战斗了，因为这颗星星并不是整个宇宙。作为一个完整的人，她就可以用一种不同的方式与托德相处，不再企图用自夸的方式博得他的好感，而是选择用一种完全接纳自我的方式与他交流。

从这个例子，我们可以看到，不但我们自己是广袤无垠的宇宙，包含了数不清的繁星，他人也是如此。作为一个完全、完美的个体与伴侣相处会让我们摆脱代表具体想法、记忆和经历的星星。和伴侣一起做到这一点，相当于为强烈而富有同理心的爱情预备了丰沃的土壤。

【练习】完整

闭上眼睛，观察你的呼吸。想象那无边无垠的宇宙以及当中密布的繁星。把你自己想象成宇宙，慢慢地让那些星星呈现在你面前。让这个画面在脑海中停留几分钟。然后把你的伴侣也想象成一个宇宙。注意他(她)的完整性。你们作为两个宇宙，会如何交流呢？

Doing What You Care About

Chapter 7

亲密关系第六步：做你觉得重要的事

31

用行为表达你的正直

记住，人们做出评判的依据不是你的意图，而是你的行为。你也许有一颗金子般的心，但这和煮熟了的鸡蛋黄没两样。

——N·S·西度 前印度板球击球手

说到用行动实现价值观，我们首先要尽可能地说明，这对活出有价值的人生是何等重要。在情感关系中，忠于价值观的行为正是浓情蜜意、富有生机的爱情的核心和灵魂。

在进一步探讨忠于价值观的行为之前，先想

一想“承诺”是什么意思。这个词被广泛而频繁地使用，通常被认为是人类许多优秀品质之一。承诺很好，会带来成功，等等。事实上，承诺的真正价值几乎因肆意夸大而丧失。从根本上说，承诺反映的是人们实现重要事情的能力。

承诺有时候难以捉摸。请想象这样一幅画面：伴侣刚刚告诉你，上次你公然开她的玩笑，她是多么沮丧。这时，你很抱歉地说：“你是对的，我那样做很不好。保证下不为例。”然而，当时的很多事情都说不清道不明，如果你在做出承诺时没有留心，那么说出的话就像唇间溜出的空气，即刻就被风卷走了，消失得无影无踪，你根本没放在心上；但是，如果用心留意了，你就获得了改变自己、争取信任的机会。大部分人都看不到，甚至永远也无法理解言而有信的力量。

行动将我们的想法付诸实践。对于一个每天都在想正直的重要性的人和一个从来没想过这个问题的人来说，如果都没有正直的行为，那么他们之间没有什么明显差别。令人欣慰的是，选择实现你的价值观的机会总是有的。今天是否有能力按照价值观做选择，并不取决于你是第一次还是第一千次这么做。

达拉的朋友劳拉讲述了她对诚实和以诚实为价值观生活的感想。劳拉说："总觉得，既然我总的来说是个好人，绝对不是个坏人，那么在一些无关紧要的事情上，我可以不那么诚实。比如，同时跟两个男生约会，由于我从没有表明过一对一的态度，所以我就告诉自己，这并不是欺骗。可是，我在每段情感关系中是不是都诚实呢？我的这种行为表明什么？无论如何，我认识到了我的行为与真实的自己并不一致，因为不论我说了什么，或没说什么，都表明我在这两个人身上投入了感情。在那之后，我认识到，一个人不可能既诚实又虚伪，只能是要么在生活中实现诚实的价值观，要么违背它。"于是，劳拉选择了前者，把事情的真相告诉了两个男友。这个行为与实现诚实的价值观的意愿达成了一致。

你也可以选择自己的意愿。关键在于，行动要紧紧跟随这些意愿。著名心理学家阿尔弗雷德·阿德勒曾说：“你只需相信行动。生活是建立在事件而非话语的层面之上。”

【练习】实现价值观

拿出纸笔，写下两三件你在情感关系中最看重的事。然后，想象有一个外星人前来造访，你的任务是向他描述这些重要的事情，但是只能通过动作来进行描述。也就是说，这个外星人并不能理解概念（比如，价值观的概念），只能理解行动。关于你在情感关系中最看重的每件事，各写下两三个帮助外星人理解的行动。列出这些行动之后，保证在下周的每天实现一个。事实上，为什么你不能在今后的每天都实现一个清单上的行动呢？

32

勇敢：用勇气证明爱

勇气就是即便害怕得要命也仍旧稳坐在马背上。

——约翰·韦恩　好莱坞明星

勇气通常被看作一种财富，因此人们总是将它与优势联系起来，而恐惧或焦虑情绪、脆弱感等通常被认为是劣势。因此我们把勇气视为没有这些消极情绪的状态，以为有勇气意味着不害怕。而事实上，勇气正是与恐惧及焦虑息息相关的，它意味着即便是在恐惧感的笼罩之下，我们仍然会采取行动。“勇气（courage）”一词的拉丁语词根是“cor”，意思是“心脏（heart）”。因此，我们把勇气解释为一种在恐惧面前仍然从内心出发、采取行动的能力。

那么，在情感关系中，恐惧何时会出现呢？它会出现在最开始的时候，出现在你冒险向对方表示好感的时刻。那一刻，你选择流露感情，但不知道将得到怎样的回应，即便真情流露是小心翼翼的；或者，你勇敢地做出将来要在一起的承诺，但还对未来一片茫然。除非你有什么我们不知道的法宝，要不然，爱情总是需要一种突如其来的信仰来支撑，而这种信仰关乎勇气。

有时候，命运会检验你们面对爱情的勇气。困苦、灾难、失败和背叛会让爱情瓦解——或者，让它更加坚固。尽管你无法掌控人生中的挫折，但你的选择会大大影响即将发生的事。如果你能够根据自己的价值观做出一个个坚定的选择，也就是说，能够坚持不懈地按照价值观行事，你就一定能够平稳地度过人生中最艰难的时刻。要实现这一点，你需要用心。

我们认识一对夫妇——丹和雪瑞，他们的遭遇对于所有父母而言都是一场噩梦：丧子。四岁的女儿安娜独自跑到了家门前的大街上，遭遇了车祸，不幸身亡。这场痛失亲生骨肉的灾难让他们的内心充满愧疚和自责，痛苦不堪。丹觉得自己有责任，因为当时他正在门前浇灌草坪，“本来应该”看住安娜的，他觉得本来可以避免这场悲剧的发生。但同时，也暗自对雪瑞不满，觉得她没有好好教安娜如何过马路。还有令他生气的是，雪瑞当时一直在家里打电话，没有照看好孩子。尽管他极力克制这些想法，告诉自己这样想是不理性的，是对妻子不公平的，但他无法停止。

雪瑞又是另一番感受，她责怪自己在安娜跑上街时没有去阻止，没有叫她小心，懊悔自己当时还在打电话打得很起劲，等等。她也责怪丹没能更好地照看安娜，也会为自己在丹如此崩溃的时候指责他而自责。而且，即使他们都知道安娜是自己跑到车子前面的，仍然怪罪那个肇事的司机。于是，在痛失骨肉之初，丹和雪瑞陷入了各种不期而至的想法和感觉之中，痛苦接二连三地袭来。

为女儿的死亡哀悼时，他们做了一些选择，希望能够实现有勇气的相爱。丹勇敢地告诉妻子他的真实感受，而雪瑞也勇敢地倾听了丹的话，尽管丹的很多话都很不中听。虽然内心在与悲痛做着激烈抗争，但他们都下定决心，要继续去爱对方，去同情对方的痛苦。于是他们不再理会内心的消极，一同前来接受治疗，希望能够一起挺过这场不幸。因为无论如何，他们还是很珍惜共同建立起来的生活，希望能让婚姻回到正轨。尽管他们都想捂住耳朵，紧闭双眼，拒绝面对这个世界，但还是开始有意识地让自己过上正常的生活：和朋友们出去聚餐，开车去海滩度假，等等。

面对失去女儿的漫长未来，丹和雪瑞都觉得

毫无激情，但他们愿意一点点地坚持向前。他们打算两三年后再要一个孩子，也许这是最能显示勇气的决定。很显然，这意味着他们将承担再一次失去孩子的风险，要鼓起勇气再一次对孩子付出爱。总之，他们没有沉浸在痛苦和悲伤中一蹶不振，而是选择了勇敢地面对生活。

【练习】勇敢

爱丽丝·麦肯齐·思威姆曾说："勇气并不是参天的橡树，在暴风雨中岿然不动。它是娇柔的花朵，绽放在皑皑白雪中。"你是否有过这样的经历：即便是困难重重，仍然选择敞开心胸，勇敢地面对挑战？你愿意借助勇气的力量挑战自我吗？在你的情感关系中，找出一件令你害怕的事。问一问自己："你真心希望这件事怎样发展？"看看你是否能采取某些行动，哪怕是一些很小的举动来实现你的心愿。这意味着你要勇敢地生活，在爱情中跟随自己的内心。只要想做的事与你的价值观是一致的，你就应该勇敢地采取行动。

33

信任：信任他人，并值得被信任

你无法攥着拳头和别人握手。

——甘地夫人

爱情是很富有挑战性的。尽管我们了解自己有能力创造理想的情感关系，并因此心生力量，但这种自由的另一面却是，我们（而非伴侣）困扰于自己的生活该如何度过。正如我们的一个朋友所说："我讨厌一切事情的结局。"当别人动摇了我们的信任，或某件糟糕的事情发生时，这种想法就会时常出现。不过，接下来该怎么办仍然是我们可以决定的。尽管我们仍旧可以专注于那些糟糕的感觉——被指责、受伤，或勃然大怒，但这样似乎和高质量的生活背道而驰了，不是吗？

关于信任在情感关系中是如何起作用的，可以从两个方面来考虑。第一，你有多信任伴侣？第二，你有多值得对方信任？注意，我们这里把信任看成是一种存在方式，而非一种品质或一个可有可无的目标。你是否曾在某天早上醒来突然发现自己内心里有了“信任”这个东西？伴侣是否曾在某个时候对你产生了强烈的信任感？

我们也会说，某人破坏了我们对他的信任。这是怎么回事呢？既然信任被破坏了，那么是不是说如果打开内心窥视其中，我们会看见一堆信任的碎片呢？不会，信任是一种行动，它流动于你和伴侣之间，是“去相信”，是值得信任的行为。

要成为值得信任的人，就意味着要坚守阵地，像一棵树一样。信任、信赖、可靠之间是相互联系的，强调的都是某种过程。当你值得信任时，你会坚守诺言，用行动坚定地支持你的话语，即便是在困难和恐惧面前，也不会动摇。

你觉得伴侣在哪些方面值得信任？而你自己又有什么值得信任之处？伴侣在任何时候都信任你，还是只在某些时候信任？你是一个可靠的人吗？你说到就一定会做到吗？你说的话会算话吗？值得信任并不是一个可以达到的目标，也不是你学到的技能，它是一个不断持续的、由许多行为组成的过程，这些行为要么值得信任，要么不值得信任。某种程度上，这是一个好消息，因为不论你让伴侣多么失望，总有机会争取他（她）的信任。但也有一个坏消息，那就是每一次违反信任都会产生不好的影响。你选择忘记一个承诺，就是选择了把被信任的价值观丢在了一边，无论你从前或将来是什么样的人，在那一刻你是不值得信任的。当你偏离了自己的价值观时，你会怎么做呢？还不赶快回到正路上！

同样，信任伴侣也是你可以做出的选择。伴

侣会做出各种看似可信或不可信的行为。要信任对方，你得有开放的心胸，愿意去相信他（她）。简而言之，尽管你会更倾向于认为自己是否被信任完全取决于对方，但事实上，在情感关系的信任问题上，你也有着很大的主动权。如果你重视信任的价值，那么我们希望你现在就开始构建信任，一砖一瓦地去做。

【练习】信任

在你的情感关系中，你如何表明自己是值得信任的？又如何表现对伴侣的信任？你的哪些行为落入了“不可信任”之列？如果你看重得到爱人的信任，你将如何改变自己的行为，使之与这个价值观更加一致？

34

原谅：一种能力

愤怒让人渺小，而原谅却能使人超越平凡。

——谢丽·卡特－斯科特　心理书作家

如果信任对方，却遭到了背叛，该怎么办呢？我们该如何去原谅？应该去原谅吗？在解决犯错和原谅的问题之前，很重要的一点是要避免一切关于是非对错的辩论。没有了过去的对与错，我们就有机会采取忠于价值观的行动，这种行动超越了之前发生的一切，不再受过去的影响。价值观会为我们指引方向，而忠于价值观的行动将会把我们带向目的地。所以，来看一看，在实际情况下我们该如何运用原谅的力量。假如，你对自己的婚姻十分忠诚，但伴侣发生了外遇。在各种想法和情感当中，你面临许多选择：你会离婚吗？如果会，什么时候离呢？你会坚持这场婚姻吗？如果会，要如何坚持呢？你会原谅对方吗？如果无法原谅，却又想要保持婚姻关系，你要如何处理那些不信任感呢？

也许你恨不得天上能掉下来一个锦囊，告诉自己究竟该怎么办，但事实上，你是有选择权的。不过你不能坐等各种感觉都消失，然后再做选择。感觉会汹涌而来，也会悄然消逝。比如，你选择保持婚姻，重建情感关系，然后又过了许多年。虽然那些年的大部分时候，你们都相处得很好、很恩爱，但是每当你回想起对方的背叛，那些痛苦的感觉就会再次袭来。你可能觉得伴侣有责任来抚平你的伤痛，消除你的不信任感，但事实上他（她）并没有这个责任。“可是，”你抗议道，“是她的错让我如此痛苦啊！”或许你会争辩：“我再也不信任他了。他必须证明给我看，只有这样才有可能会转变态度。”

让我们进一步看看该如何处理这种情况吧！比如，伴侣满心懊悔，祈求你的原谅。这也许会平息你的怒火，但它无法抹去伤痛。可能只是在当时得到了安慰，但如果你重新回想起记忆中的那场背叛，伤痛感又会浮现出来。你真正想要的很可能是一个保证，保证不会再次受到同样的伤害。但是，即使伴侣向你反复承诺了绝不会再出轨，你又如何能完全相信呢？此外，伴侣也许下定决心再也不像以前那样伤害你了，可是后来，他不幸遭遇车祸离开人世了。哦！新的伤痛又来了。说这些都是想说明一个问题，那就是，你需要做的并不是如何考验伴侣。如果你的价值观就是遭到背叛也要维持婚姻，那么就要承担起原谅所带来的一切，因为未来是不可预知的，人生的痛苦无法通过承诺或保证来避免。

那么，我们为什么要原谅呢？“原谅(forgiveness)”的字面意思是“像从前一样地给予(give what went before)”。请注意，这是一种给予的行为，而不是一种感觉。你可能会在原谅对方的时候感到轻松或释然。这种轻松感和所有其他情感一样，会来，也会去。而你行为的关键是给予——给予事发之前你所给予对方的一切，像出轨从未发生一样地去对待他（她）。记住重要的一点：这是一个过程，而非结果。这并不意味着你要马上回到从前的状态，而是说你会坚定地朝着这个方向努力。你可以每天采取一些和从前一样的行动，事实上，你还可以在这基础上做得更好。

我们这里有一个例子。佐伊和亚伦结婚十年后，亚伦有了外遇。尽管佐伊对此感到十分痛苦，但仍决定要维持这段婚姻。然而，她无法原谅对方，觉得自己受了极大的委屈，总不忘在丈夫面前提及此事。在两年里，她一直惩罚和冷落他。生活过得非常辛苦，也变得索然无味。最后，她终于意识到自己是多么不开心，婚姻是多么难以忍受；她发觉她真正在惩罚的是自己，她让自己吃了毒药，却在等着另一个人死掉。

佐伊真正需要的是原谅。把谅解当成一种行动去坚持，而不是等着原谅发展成为一种情感。她选择先从小的方面做起，先是在睡前亲吻丈夫，道“晚安”。随后，在早晨给丈夫一个友好的微笑和拥抱。接着，她愿意紧挨着丈夫坐在沙发上，如此递进。她在这样做的时候感觉不是很好，但是把这些行为当作解药，来医治他们的情感关系。最后，这些点点滴滴的原谅汇聚起来，她终于又一次地感受到了婚姻的美好。

我们之前说的都是一些大事，比如背叛和不忠；然而，原谅也适用于一些小事。不论是一句伤人的话，一个被遗忘的任务或纪念日，还是当众令人出丑的行为，都可以通过尝试原谅的行动，给予对方和伤害发生前一样的回应。问题在于，你会不会这样选择？会不会这样行动？这种给予将会为你们的情感关系带来力量，以及全新的亲密感。不仅为你和伴侣创造了走出困境的机会，而且为情感关系开拓了一条通向无限可能的成长之路。如果伴侣是你想要与之共度一生的人，那么，原谅就是你能给他（她）的最好礼物。

【练习】原谅

你是否原谅过某人，当时有过一种释然的感觉，但事后回想起来时，又一次怒火中烧？没错，这种事我也遇到过。这就是为什么原谅的行为才是最重要、最有力的——它不会随情绪的过山车忽上忽下。静下心来，想一想你是否仍然为伴侣过去做的某件事而耿耿于怀，你是不是还没有把那件事放下。现在是放下的时候了。问问自己，如果你原谅了伴侣，会发生什么？双方会有什么改变？今天就做一件小事，来打开新的局面吧！

35

忠实的朋友：对待伴侣像对待朋友一样

朋友就是了解我们的弱点、但仍然爱我们的人！

——杰罗姆·卡明斯 神父

知名两性关系学者约翰·戈特曼在从事多年婚姻关系研究之后表示，如果让他观察一对夫妇之间的争吵，他能够在五分钟内判断出他们的婚姻关系是否会以离婚告终。他说，关键是看双方的关系中是否存在轻蔑。也许这是因为，当轻蔑出现时，我们就失去了认识伴侣基本价值观的能力。

友善是轻蔑的反面。轻蔑是一种嘲讽，而友善的出发点是认识到对方的固有价值，也就是即便伴侣有着各种毛病，仍然会喜爱他（她）。友善不仅对于爱情的健康美满至关重要，而且也是你在这份情感关系中获得的最好回报。

友谊的哪些方面让你产生特别好的感觉？想一想除了伴侣之外你最好的朋友，那种有人爱的安慰感——即使你有很多缺点也仍然受到对方重视的感觉，他（她）在乎你，仅仅因为你是你，真挚的友情能让你在自己的种种缺点和瑕疵面前仍然感到放松和自信。因此，友情是通过双方看待彼此的方式来定义和体现的，真挚的友谊是肯定彼此的价值，用尊重和友好的态度来相处。

那么，问一问自己，你是否会像对待朋友一样地对待伴侣？如果一个朋友总是忘了把衣服晾干，你会忍不住丝毫不留情面地指出他（她）的这个问题吗？你会注意到衣服没晾干，心中可能产生一些想法和评价，但是很可能会出于对友情的尊重，或因为不想给朋友带来不必要的不开心，而选择什么都不说。作为朋友，我们并不需要把自己对其行为的想法、看法都和盘托出。为什么在亲密关系中不能做到呢？我们总是很难看到与伴侣保持真正友情的可能性，这种情况不是很有趣吗？我们无法与自己最重要的、最亲密的人成为朋友，这真是遗憾！

对人评头论足这个问题值得我们进一步探讨。比如，有一个叫吉尔的朋友，他在紧张的时候会有点暴躁。你是更愿意对自己说“吉尔就是这个样子”，然后就让这件事过去，还是会像对待伴侣一样，死盯着吉尔的这个问题，想方设法地去改变他呢？许多人发现他们对朋友的评头论足比对伴侣的更少。如果你很难放弃你的期望和评判，那么结果很可能是你们之间的友情越来越淡。

想一想，友情中对你来说最重要的因素有哪些。也许其中之一就是被理解。你如何向伴侣表示理解？也许你会支持他（她）。那么，要如何积极地支持你的伴侣呢？我们的朋友贝丝表示，最喜欢那些密友的地方就是，他们能够为她的成功而庆贺。她说："当我遇到了好事时，他们一个个都比我还要开心，这时，我知道他们是真正的朋友。"她还说："一个真正的朋友也会在我遭遇不顺的时候一起分担忧愁。"在亲密关系中，你会积极地分享伴侣的喜悦和忧愁吗？

你的哪些行动推动了与伴侣之间的友情，又有哪些举止削弱了你们的友情。我们有许多绝好的机会可以选择以温柔的笑声表示理解，而不是以责难的方式做出回应；我们有机会去说"我理解你"，而不是去纠正，也可以选择去支持和鼓励对方。如果你认为与伴侣之间的友情是珍贵的，那么请想想你该如何呵护它，如何让它更加强大。今天就寻找一个机会吧，抓住机会，看看接下来会发生什么。

【练习】与伴侣之间建立友情

与伴侣相处的过程中，找个时间问问自己，如果对方是一个朋友，而不是伴侣，你是否会做出不同的回应，是否会用不同的方式来说刚才的话，是否还会提出刚才的要求，是否会对伴侣刚才说的话或做的事给出不同的回答。现在，看一看是否能在采取行动之前停顿一会，调整一下你的行为，让它更适合于对待一个朋友。你可以在下周的每天至少做一次这样的尝试。

36

浪漫：亲密关系的催化剂

爱就像是一把提琴。音乐会时起时落，但琴弦却永远存在。

——琼·玛斯特·贝奇尔 美国作家

浪漫去哪儿了？这是一个很有趣的问题。有些人认为它也许是被放错了地方，就像一串钥匙。也有人认为它是某种有形的、会慢慢减少的东西，就像去年的那盒情人节巧克力。浪漫是如何减少和消失的呢？还能回想起你曾经在爱情中拥有的那份浪漫吗，它现在去哪儿了呢？也许，你觉得它是一个小小的心形物质，存在于内心的某处；或者它是一个白色的光环，悬在你们的头顶；又或者，它是羞答答藏在你们枕头下面的什么东西。你也许会说："当然不是。"可是，当你说"我们之间再也没有浪漫"时，你所指的是什么呢？你寻找的究竟是什么？

浪漫是一种美妙的感觉，是一种能让脚指头兴奋到发麻的体验，它和其他情感一样，会出现也会消失。浪漫也可以是一种行为，比如，做一些浪漫的事。啊！这就有意思了。以前你想制造浪漫时，都是怎么做的呢？如果此时此刻你正感到浪漫，那你又正在做什么呢？也许你只有在做浪漫的事时，才会产生浪漫的感觉。那么，浪漫究竟是一种感觉，还是一种行为呢？

幸运的是，不论当时的感觉如何，我们都有能力制造浪漫。正如琼·玛斯特·贝奇尔说的，即使不能时刻听到爱的音乐，也仍然能拥有爱的乐器。我们可以随时把乐器拿起来演奏一曲。在与伴侣的相处中，只要开始采取行动主动制造浪漫，美妙的意境就会出现。

回想人生中曾有过的浪漫体验，你曾体验过的最浪漫的事是什么？说说看，哪些具体行为激发了那种感觉，请注意，这些行为可大可小。达拉想到的最浪漫的事就是：在大学时，男友在期终考试期间送她糖果以示鼓励。男友知道她很喜欢星爆糖（除了其中的酸橙味绿色糖果），于是买了一大罐，把所有绿色的糖果都挑出来。还有一次，她接到了一个神秘电话，约她“午夜在玫瑰花园见面”。她到了那里时，发现男友准备了午夜野餐，还有香槟酒。男友为她做的每一件类似的事，她都难以忘怀，那种浪漫的感觉在心中久久徘徊不散。你也可以为伴侣做同样的事，今天你就可以这么做！

【练习】浪漫

做一个浪漫达人吧！想象这一刻，你是世界上最浪漫的人，在爱情中面临一些浪漫选择，你会做出什么选择呢？会在爱情中如何表现呢？你要如何为现在的情感关系带来浪漫气息呢？

接着，采取浪漫的行动。回想过去你在情感关系中感到浪漫的某个时候，列出三个你为了制造浪漫而采取的聪明举动，选择其中一个举动，并坚持下去。请注意，你制造浪漫的能力并不取决于感觉。事实上，如果你重视浪漫的价值观，那么你就有能力采取浪漫行为。

结束语

你从众多的图书中选择了这一本，一定是有原因的：也许是这本书的标题或封面吸引了你的眼球；也许是你听说过接受与承诺疗法，想知道怎样运用这种疗法来提升情感关系的质量；也许你的爱情很美满，只是希望能进一步改善它；也许你对自己的情感关系并不满意，想寻求问题的解决办法。

无论是出于哪一种原因，我们猜测，背后一定有一些更根本的动机，那就是，在内心最深处，渴望一种最亲密的关系模式。这种模式会对你说："你很好，你本身就是有价值的。"这种亲密关系让每个人都获得最基本的安全感，知道我们是谁，如何在这个世界上生活。通过成为别人的伴侣，见证另一个人的人生历程，我们将提升自己的人生经验。这个过程中蕴含了许多宝藏：陪伴、友谊、热情、支持、奉献，等等。

很多人都在寻找某种万能的灵丹妙药，期望以此来消除爱情中的痛苦和困难。我们紧盯着自己缺失的东西，通过挑选伴侣来弥补自己的缺失，以为总有一天能够挑到让自己满意的爱人，但这是一个错误。

事实上，我们所缺失的，不是某人身上的一些特质，而是建立情感关系的能力，这种关系里包括了重要的深情、热情、支持、奉献等。培养这样的能力，一定要付出很大的努力吗？不一定，只要你记住，生命和活力不仅仅源于被爱，更源于主动地去爱。遗憾的是，很多人活了一辈子，都没有付出过或者得到过真爱。

为什么不试着换一种方式去找寻真爱呢？你可以现在就行动起来，真正地接受自己，并且也像百分之百地接受自己一样去接受伴侣。接着，你要明确你在情感关系中最重视的是什么，并将这些价值观付诸实践——我们不是要改变伴侣，让其成为更好的人，而是你需要成为想要成为的那个人。

好好地爱你的伴侣吧！今天就行动！

参考文献

齐诺瓦・阿切比（Achebe, Chinua.）

《上帝之箭》(*Arrow of God*),1967.New York: John Day.

大卫・M. 巴斯（Buss, David M）

《欲望的革命：人类婚姻策略》(*The Evolution of Desire: Strategies of Human Mating*),2003.New York: Basic Books.

约翰・M. 戈特曼（Gottman, John M）

朱莉・S. 戈特曼（Julie S.Gottman)

琼・德克莱尔 (Joan DeClaire)

《转变婚姻的十堂课》(*Ten Lessons to Transform Your Marriage*), 2006. New York: Three Rivers Press.

约翰・M. 戈特曼 (Gottman, John. M)

纳恩・西尔弗 (Nan Silver)

《幸福婚姻的 7 法则》(*The Seven Principles for Making Marriage*

Work)，1999.New York: Three Rivers Press.

史蒂芬·C. 海斯（Hayes, Steven. C）

科尔克·D. 斯特尔萨拉（Kirk D. Strosahl）

凯利·G. 威尔逊（ Kelly G. Wilson.）

《接受与承诺疗法：行为改变的经验性方法》(*Acceptance and Commitment Therapy: An Experiential Approach to Behavior Change*) ,1999.New York: The Guilford Press.

海因茨·寇哈特（Kohut, Heinz）

《分析是如何治疗的？》(*How Does Analysis Cure?*)，1984. Chicago: University of Chicago Press.

爱德华·O. 劳曼 (Laumann, Edward O)

约翰·H. 加侬 (John H. Gagnon)

罗伯特·T. 迈克尔 (Robert T. Michael)

斯图尔特·迈克尔 (Stuart Michaels)

《性的社会组织：美国的性实践》(*The Social Organization of*

Sexuality: Sexual Practices in the United States.)，1994 Chicago: University of Chicago Press.

杰森 · B. 罗马 (Luoma, Jason B)

斯蒂芬 · C. 海斯 (Steven C. Hayes,)

罗宾 · D. 瓦尔泽 (Robyn D. Walser.)

《学习接受与承诺疗法：治疗师技能培训参考》(*Learning Acceptance and Commitment Therapy: A Skills Training Workbook For Therapists.*) , 2007. Oakland, CA: New Harbinger Publications.

斯科特 · M. 佩克 (Peck, M. Scott)

《少有人走的路》(*The Road Less Traveled*)，1978.New York: Simon & Schuster.

贾斯汀 · 沃尔弗斯 (Wolfers, Justin)

《关于离婚的错误报告》(*Misreporting on divorce*)，2008.New York Times, March 21, Opinion section.

著作权合同登记：图字 14-2013-609

图书在版编目（CIP）数据

亲爱的，你会爱我吗？ 通过接受和正念找到向往的爱情 / (美) 罗宾 · D.沃尔泽, (美) 达拉 · 韦斯特拉普著；晏卿译. -- 南昌：江西教育出版社, 2016.7
ISBN 978-7-5392-8704-1

Ⅰ. ①亲… Ⅱ. ①罗… ②达… ③晏… Ⅲ. ①恋爱心理学－通俗读物 Ⅳ. ①C913.1-49

中国版本图书馆 CIP 数据核字(2016)第 122292 号

亲爱的，你会爱我吗？
通过接受和正念找到向往的爱情
QIN'AIDE, NIHUIAIWOMA?
TONGGUOJIESHOUHEZHENGNIANZHAODAOXIANGWANGDEAIQING
［美］罗宾 · D. 沃尔泽，达拉 · 韦斯特拉普/著　晏卿/译

江西教育出版社出版
(南昌市抚河北路 291 号　邮编：330008)
各地新华书店经销
江西省和平印务有限公司印刷
787 毫米 × 1092 毫米　32 开本　8.75 印张
2016 年 12 月第 1 版　2016 年 12 月第 1 次印刷
ISBN 978-7- 5392-8704-1
定价：32.00 元

赣教版图书如有印装质量问题，请向我社调换　电话：0791－86710427
投稿邮箱：JXJYCBS@163.com　来稿电话：0791－86705643
网址：http://www.jxeph.com

赣版权登字-02-2016-584

THE MINDFUL COUPLE:HOW ACCEPTANCE AND MINDFULNESS CAN LEAD YOU TO THE LOVE YOU WANT

by robyn PH.D.walser and darra PH.D. westrup

This edition arranged with NEW HARBINGER PUBLICATIONS
through BIG APPLE AGENCY, INC., LABUAN, MALAYSIA.

读者 Readers 回函表

WIPUB BOOKS

姓名：________ 性别：______ 年龄：_____ 职业：________ 教育程度：________

邮寄地址：______________________ 邮编：________________

E-mail：______________________ 电话：________________

您所购买的书籍名称：《亲爱的，你会爱我吗？——通过接受和正念找到向往的爱情》

您对本书的评价：

书名：	□满意	□一般	□不满意	故事情节：	□满意	□一般	□不满意
翻译：	□满意	□一般	□不满意	书籍设计：	□满意	□一般	□不满意
纸张：	□满意	□一般	□不满意	印刷质量：	□满意	□一般	□不满意
价格：	□便宜	□正好	□贵了	整体感觉：	□满意	□一般	□不满意

您的阅读渠道（多选）：□书店 □网上书店 □图书馆借阅 □超市 / 便利店

□朋友借阅 □找电子版 □其他

您是如何得知一本新书的呢（多选）：□别人介绍 □逛书店偶然看到 □网络信息

□杂志与报纸新闻 □广播节目 □电视节目 □其他

购买新书时您会注意以下哪些地方？

□封面设计 □书名 □出版社 □封面、封底文字 □腰封文字 □前言、后记

□名家推荐 □目录

您喜欢的书籍类型：

□文学 – 奇幻小说 □文学 – 侦探 / 推理小说 □文学 – 情感小说 □文学 – 散文随笔

□文学 – 历史小说 □文学 – 青春励志小说 □文学 – 传记

□经管 □艺术 □旅游 □历史 □军事 □教育 / 心理 □成功 / 励志

□生活 □科技 □其他

请列出 3 本您最近想买的书：____________、____________、____________

请您提出宝贵建议：____

____

★感谢您购买本书，请将本表填好，扫描或拍照后发电子邮件至 wipub_sh@126.com，您的意见对我们很珍贵。祝您阅读愉快！

祝你 幸福